禪淨雙修

虛雲老和尚開示錄

目錄

弁言

自元、明、清以至民國，參禪或念佛，已是中國佛教修行者抉擇的心地法門。為此，我們選編了近代禪門巨擘虛雲老和尚，自民國北伐統一至解放初期（一九二九—一九五三）有關禪淨律一如與三歸五戒的開示。

此一時期，中國正經歷北伐統一、對日抗戰、國共內戰等大災難、大動亂，生靈塗炭，國土不安，而從虛雲老和尚的系列開示中，反覆強調禪、淨、律三合一的實修、返歸佛法的根本要義，反映出中國佛教對應時局說法的方便善巧。

本書定名為「禪淨雙修」，並在原有文本的基礎上，添加現代標點、略加修飾語助詞、校正專有名相，本書如有不足或錯謬之處，尚祈識者指正。

方廣編輯部謹誌

虛雲老和尚略傳

一八四〇年：中英鴉片戰爭。俗姓蕭，生於福建泉州，母亡，由庶母王氏撫養。

一八五六年：父逼其與田、譚二氏完婚，同居而無染。

一八五八年：至福州鼓山湧泉寺，禮常開老人披剃。

一八五九年：依妙蓮和尚圓授具足戒，名古巖，又名演徹，字「德清」。

一八六〇年：居山洞禮懺。

一八八二年：報母恩，朝禮五台。

一八九五年：在揚州高旻寺參禪，心有所悟。

一九〇〇年：義和團事起，八國聯軍陷北京，住北京龍泉寺，隨光緒帝、慈禧太后西行。後隱居終南山，改號「虛雲」。
一九〇四年：居雲南雞足山，重修鉢盂庵。
一九〇五年：前往南洋弘法。
一九一一年：辛亥革命，統兵官派兵圍雞足山，後引兵退去。
一九一二年：清帝退位，中華民國成立。
一九二〇年：重修昆明西山華亭寺。
一九二九年：任鼓山涌泉寺住持，創辦佛學院。
一九三五年：往廣東韶關，修復禪宗六祖祖庭南華寺。
一九四四年：重修廣東韶關禪宗祖庭雲門寺。
一九五〇年：中華人民共和國成立，在雲門寺主持精進禪七，並赴南華寺傳戒。
一九五一年：春戒期中，發生「雲門事變」，被嚴刑毆打，命幾喪亡，畢生講經作品全毀，開始口授自傳年譜。

一九五三年：任中國佛教協會第一屆名譽會長。

一九五三年：重修江西雲居山眞如禪寺。

一九五九年：農曆九月十二日，圓寂於雲居山茅蓬。

學佛貴眞實不虛

今承眾位居士邀請略談佛學。論到此事，老衲抱愧萬分。蓋緣自己毫無實行，雖然浮談淺說，無非古人剩語，與我本沒交涉。

想我佛爲一大事因緣降世，垂訓八萬四千法門，總皆對病開方。果若無病，藥何用施？倘有一病未癒，則不可不服其藥。其方在我華夏最靈驗者，莫過於宗律教淨以及誦持密咒。以上數方，在此土各光耀一時。目下興盛見稱者，無越江浙。於台賢慈恩、東西密教，大展風光。諸法雖勝妙，唯於宗律二法，多不注意。嗟茲末法，究竟不是法末，實是人末，因甚人末。蓋談禪說佛者，多講佛學，不肯學佛。輕視佛行，不明因果，破佛律儀，故有如此現象。大概目下之弊病，莫非由此。

既然如是，你我眞爲生死學佛之人，不可不仔細，愼勿暴棄。法門雖多，門門都是了生死的。故《楞嚴經》云：「歸元性無二，方便有多門。」所以二十五聖各專一門，故云一門深入。若一聖貪習多門，猶恐不得圓通，故持六十二億恆河沙法王子名，不及受持一觀音名號也。

凡學佛貴眞實不虛，盡除浮奢，志願堅固。莫貪神通巧妙，深信因果，懍戒如霜。力行不犯，成佛有日，別無奇特。本來心佛眾生原無差別，自心是佛，自心作佛，有何修證？今言修者，蓋因迷悟之異，情習之濃，謬成十界區分。倘能了十界即一心，便名曰佛。故不得不盡力行持，消除惑業，習病若除，自然藥不需要。古云：「但盡凡情，別無聖解。」喻水遭塵染，一經放入白礬，清水現前。故修學亦如是。情習如塵，水如自心，礬投濁水，濁水澄清。凡夫修行，故轉凡成聖也。但起行宜辨正助，或念佛爲正，以餘法作助，餘法都可迴向淨土。念佛貴於心口不異，念念不間，念至不念自念，寤寐恆一。如是用功，何愁不到極樂！

若專參禪，此法實超諸法。如拈花微笑，遇緣明心者，屈指難數，實爲佛示教外之旨，非凡情之所能解。假若當下未能直下明心之人，只要力參一句話頭，莫將心待悟，空心坐忘及貪玄妙公案神通等。掃盡知見，抱住一話頭，離心意識外，一念未生前，直下看將去，久久不退，休管悟不悟。單以這個疑情現前，自有打成一片，動靜一如的時候，觸發機緣，坐斷命根，瓜熟蒂落，始信與佛不異。溈山云：「生生若能不退，佛階決定可期。」豈欺我哉！

每見時流不識宗旨，謬取邪信。以諸狂禪邪定，譏謗禪宗，不識好惡，便謂禪宗如是。焉知從古至今，成佛作祖，如麻似粟，獨推宗下，超越餘學。若論今時，非但禪門，此外獲實益作獅吼者，猶罕見之。其餘諸法，亦不無弊病。要知今日之人，未能進步者，病在說食數寶，廢棄因果律儀，此通弊也。若禪者以打成一片之功夫來念佛，如斯之念佛，安有不見彌陀！如念佛人將不念自念寤寐不異之心來參禪，如斯參禪，何愁不悟！

總宜深究一門。一門如是，門門如是。果能如此用功，敢保人皆成佛。哪怕業根濃厚，有甚習氣不頓脫乎？此外倘更有他術能過此者，是則非吾所能知也。每歎學道之士，難增進勝益，多由偷心不歇，喜貪便宜。今日參禪，明日念佛，或持密咒，廣及多門，不審正助。刻刻轉換門庭，妄希成佛，毫無佛行，造諸魔業，共爲魔眷。待至皓首無成，反爲訕謗正法。古云：「欲得不招無間業，莫謗如來正法輪。」今逢大士勝會，同心慶祝，各各須識自家觀自在。大士從聞思修，入三摩地。阿難縱強記，不免落邪思。將聞持佛佛，何不自聞聞！反聞聞自性，性成無上道。虛雲一介山野之夫，智識淺薄，因承列位厚意邀來，略敘行持損益云爾。今朝九月正十九，共念觀音塞卻口，大士修從耳門入，眼鼻身意失所守，絕所有。切忌有無處藏身，當下觀心自在否！

（上海居士林請普說宣統三年在上海靜安寺成立佛教總會【按：應為民國十八年十月二十一日】）

打佛七貴在一心

當民國廿二年春季，閩省福建功德林居士發起佛七時，至第三日，虛雲老和尚由鼓山湧泉寺下省公幹，順途到功德林慰問大眾，剛好佛七止靜默念。大眾一聞虛雲老和尚駕到，大半離座迎接，叩頭禮足。

當時雲老和尚大喝一聲說：「你們學佛好多年，今天對這樣嚴肅佛七道場，給你倒插法幢了。佛法的門中，無論是禪是淨，貴在六根門頭用事。掉舉與昏沈，都是失念的病源。你們記得嗎？《彌陀經》中說過，假如一天、二天、三天，甚至於七天，都一心不亂。那個人在臨命終的時候，阿彌陀佛和諸聖眾，現在他的面前，接引往生。現在你們諸位能不能一心不亂！如果一心不亂，怎樣會聽到老僧到來。如果一心不定，念到阿彌陀佛現身到來，你也不認識。他是佛是魔，你還不認識。是定是亂，也弄不清楚。那前途危險，眞是可憐！可憐！」

大眾給他教訓一番，都不知道怎樣是好。到佛七場中開靜了，虛雲老和尚就同大家入殿禮佛，向大家開示說：

「你們打佛七，貴在一心。如果心不一，東看西聽。這樣的念佛，就是念到彌勒下生，還是業障纏身。佛法、世法，都是一樣。世法無心，尚且不可以。何況佛法呢？念佛的人，從頭到尾，要綿綿密密。一字一字、一句一句不亂的念去。佛來也這樣念，魔來也這樣念。念到風吹不入，雨打不溼，這樣才有成功的日子。爲什麼呢？佛者是覺也。既然能覺悟，自然知道用力專心念去。魔者是惱也。惱害眾生慧命，知道他惱害慧命，當然更加用力專心去降伏他。所以當能夠覺時，就是見佛。如果遇害，就是著魔。現在佛七場中，如果坐在本位不動，繼續念下去的各位居士，算是見著佛了。你們叩頭接我的有幾位，你們說接到什麼？既說不出好處，豈不是虛耗時光！空無所得。豈不是我來惱害你們一心大事，擾亂你們一心淨業，這樣就是你們置我於魔羅邊處了！可歎，世俗人每每不知恭敬三寶，實在可憐。他們有的用什麼燒豬、雞魚，供養觀音菩薩。既然犯了殺戒，又不恭敬。

有一次，我在上海時，正遇梅蘭芳在上海演戲。有某居士包一個廂位，花數百元請我看戲。我告訴他說，八關齋戒弟子，尚且不可看戲，何況我出家的僧人！你請我看戲，無異燒豬供菩薩。那個人叩頭悔過說：『我今天花了幾百元得到開示，知道敬僧的道理了。』佛法無上，貴在用心，一句珍重，揖別而去。」

此時各人不敢起身送別，而虛雲老和尚也不回頭看看。

這個佛七，經過虛雲老和尚開示之後，所剩下的四天佛七功夫，的確是樣樣照做。其中有一位陳大蓮居士，建甌人，歸依太虛法師，曾任福建省議會議員。在此期佛七的第六天念佛中，看見地上顯出黃金色，很是高興。結七後特地上鼓山，再請虛雲老和尚開示。蒙虛老和尚開示說：「這是心到達清境的表現，切戒生貪念，務須一心念佛，努力精進，自然到家，不能夠有其他希求。要知道圓人說法，沒有一法不圓，任他橫說直說，都是契理契機。」

（民國二十二年癸酉在福建功德林佛七開示勝進法師命署煒居士錄）

【雲貴大悲法會開示】

民國三十一年冬，政府主席暨各長官，發起啓建護國息災大悲法會於重慶。特派代表屈映光，張子廉來粵邀請雲公赴渝，主持法會。十一月六日，由粵啓程，經湘桂黔，以達重慶，於慈雲寺及華巖寺，分建法會四十九天。至三十二年一月二十六日圓滿返粵。其間經過各地，備受各界歡迎款待，請法歸依，計給牒歸依者有四千餘人，上堂説法開示數十次，茲擇錄法語如左。

《楞嚴經》大意

今日諸位發心來歸依三寶，老衲甚爲欣慰。諸位遠道過江來此，無非希望得些益處。但若想得益，自須有相當行持。如徒掛空名，無有是處。諸位須知現既歸依，即爲佛子。譬如投生帝王之家，即是帝王子孫，但能敦品勵行，不被擯逐，則鳳閣鸞臺，有分受用。自今以後，須照佛門遺教修持。要曉得世間萬事如幻，人之一生，所作所爲，實同蜂之釀蜜，蠶之作繭。吾人自一念之動，投入胞胎。既生以後，漸知分別人我，起貪瞋癡念。成年以後，漸與社會接觸。凡所圖謀，大都爲一己謀利樂。爲眷屬積資財，終日孳孳。一生忙碌，到了結果，一息不來，卻與自己絲毫無關，與蜂之釀蜜何殊？而一生所作所爲，造了許多業障。其所結之惡果，則揮之不去，又與蠶之自縛何異？到了最後鑊湯爐炭，自墮三塗。

所以大家要細想，要照佛言教，宜吃長素，否則暫先吃花素。尤不可爲自己殺生，殺他之命，以益自己之命，於心何忍！試觀殺雞捉殺之時，彼必飛逃喔叫，祇因我強彼弱，無力抵抗，含冤忍受，積怨於心，報復於後。以較現在武力強大之國，用其兇器，毀滅弱小民族，其理正同。諸位既屬佛子，凡悖理之事，不可妄作。佛法本來沒甚稀奇，但能循心順理，思過半矣。

許多人見我年紀虛長幾句，見面時每有探討神通之情緒，以爲世外人能知過去未來。每問戰事何日結束？世界何日太平？其實神通一層，不但天魔外道有之，即在鬼畜俱有五通。此是性中本具，不必注意。我們學佛人，當明心見性，解脫生死，發菩提心，行菩薩道。從淺言之，即諸惡莫作，眾善奉行。不但不可損人利己，更宜損己利人。果能切實去做，由戒生定，由定生慧。一切自知自見，自不枉今日歸依也。

方纔有幾位詢問《楞嚴經》意旨，茲乘大眾在此機緣，略說概要。此經原有百卷，而此土所譯，祇有十卷。初四卷示見道，第五第六等卷示修行，第八第九卷漸次證果，最後並說陰魔妄想。阿難尊者爲眾生示現詢問，而佛首明諸法所生，惟心所現。因阿難尊者見佛三十二相，如紫金光聚，心生愛樂。佛問其將何所見？阿難尊者白佛言，用我心目，由目觀見，如來勝相。佛問心目何在？阿難尊者白佛言，縱觀如來，青蓮華眼，亦在佛面。我見觀此浮根四塵，祗在我面。如是識心，實居身內。佛告心不在內，不在外，亦不在中間。若一切無著，亦無是處。諸修行人，不能得成無上菩提皆由不知二種根本。一者無始生死根本，則汝今者與諸眾生用攀緣心爲自性者，二者無始菩提涅槃，元清淨體，則汝今者識精元明，能生諸緣。緣所遺者，由諸眾生遺此本明。雖終日行而不自覺，枉入諸趣。應知諸法所生，惟心所現。一切因果世界微塵，因心成體。而一切眾生不成菩薩，皆由客塵煩惱所誤。

色聲香味觸法爲六塵，眼耳鼻舌身意爲六根，是爲十二處，加眼識耳識鼻識舌識身識意識六識爲十八界，另地水火風爲四大，再加空大見大識大爲七大，合爲二十五數。由二十五位賢聖分別自陳宿因，入道途徑。至於六道輪迴，婬爲其本。三界流轉，愛爲之基。阿難尊者爲眾生示現，歷劫修行，幾難免摩登伽之難。所以示罪障之中，婬爲首要。因婬損體，遂殺生補養，而盜妄等惡，亦隨之而生。阿難見了如來三十二相，如紫金光聚，對摩登伽之美色而不愛樂。男子見了女子，或可觀想自己亦作女子。女子見了男子，或可觀想自己亦作男子，以杜妄想。自己終日思想，確可轉移心境。

譬如我從前幼時在家垂辮髮，衣俗衣，終日所觸所想無非俗事。晚上做夢，無非姻親眷屬，種種俗事。後來出家所作所思，不出佛事。晚上做夢，亦不外念佛等等。至蔥蒜五辛，不可進食，爲免助長慾念。所謂除其助因，修其正性。更加精勤增進，自能漸次成就，更須自己勤奮，不可依賴他人。阿難尊者以王子佛弟，捨其富貴，出家從佛。希望佛一援手，即得超登果位。詎知仍須自己悟修，不能假借。不過吾人如能發心勤修勿怠，則由十信十住十行十迴向以至十地，亦自得步步進益，以達等覺妙覺。而三界七趣，無非幻妄所現，原本不出一心，即一切諸佛之妙明覺性，亦不出一心。是以心佛眾生，三無差別。

香嚴童子可說即是我鼻，憍梵菩薩可說即是我舌。二十五位聖賢因地，雖有不同，修悟並無優劣。不過現在時機，發心初學，似以第二十四之大勢至菩薩及第二十五之觀世音菩薩，二種用功方法，或更相宜。觀世音菩薩於阿彌陀佛退位時補佛位，而大勢至菩薩，則候觀世音菩薩退位時補佛佛位。大勢至菩薩以念佛圓通，吾人學習應念阿彌陀佛，都攝六根，淨念相繼，得三摩地。因十方如來，憐念眾生，如母憶子。若子逃逝，雖憶何爲。子若憶母，如母憶時，母子歷生，不相違遠。若眾生心，憶佛念佛，現前當來，必定見佛。至於觀世音菩薩，則從聞思修，入三摩地。上合十方諸佛，同一慈力。下合六道眾生，同一悲仰。若遇男子樂持五戒，則於彼前，現男子身而爲說法，令其成就。若有女子五戒自居，則於彼前現女子身而爲說法，令其成就。如是或現天人，或現聲聞緣覺以至佛身。所謂三十二應，以及十四無畏、四不思議，經無量劫，度無量眾生。眾生無盡，悲願無盡，諸位善體斯意可也。

（民國三十二年一月十七日在重慶慈雲寺開示）

大悲懺

現在與大眾隨便閒談，「開示」二字，愧不敢當。因為虛雲連自己都未明白，豈敢謬教他人！佛教開示，場合很多。如叢林坐香，班首輪流開示，觀音七念佛七等亦復如是。但拜懺不同打七，禮懺須五體投地，三業清淨，不能加以雜言亂語。故懺壇上不說開示，禮懺時須觀著「能禮所禮性空寂，感應道交難思議。我今頂禮觀音前，感應道交自實現。」以能禮之心，禮所禮之佛。諦觀能禮之心，現在未來過去三世了不可得，一切空寂，則如來藏本有體性，自然發露。故《金剛經》云：「若以色見我，以音聲求我，是人行邪道，不能見如來。」「若見諸相非相，即見如來。」都是雙遮雙照的意思。空非空，色非色，即眞空眞色。我們大家都是佛子，處此水深火熱之中，不逢治世，所遇的不是炸彈就是飛機。眞屬不幸，但不幸中還是幸福。何也？佛子的本來勾當，所謂「一鉢千家飯，孤身萬里遊。」可是現在亦有些行不通了。我們此時祇好放下一切，檢點身心。以身爲苦本，心爲罪源。若不及今力自修持，更待何時。一失人身，萬劫不復。放下妄想，心本如如，不從外得，能精勤修持，何患生死不了。所以儒家亦云：「自天子以至於庶人，一是皆以修身爲本。」現在人心不古，不知政教之關係。於政以治身，教以治心的意義，完全不懂。

最近達識之士，多知目前大劫，非政教合一，不足以救苦息災。如此次政府元首及各院部當局發心啓建護國息災大悲道場，即此意也。從前法會是常造的，甚麼時輪金剛法會等等，我也記不得許多，可是用心各有不同。如西藏喇嘛在中原弘法者，近來甚多，而政府特別加以崇敬，其意甚遠。

是否政府特別信仰？不得而知。惟對於中原青衣僧徒，則時加種種壓迫，毀廟逐僧，不一而足。本來青黃二教，均佛弟子。後人以居華東者，在日本爲東密，居華西者，在西藏爲藏密。

近年密教，在中國風行一時。以爲特長處，能發種種神通變化。可是閒時不燒香，急時抱佛腳，是不成的。虛雲化食人間，中外地方，差不多都到過。我是凡夫，沒有神通，不會變化。所以不敢吃肉，亦不敢過分用度。一般不明佛法者，未忘名利。求通求變，存此妄想，非邪即魔。須知佛法是在自己心內，不可心外取法。神通屬用功之過程，豈可立心希求！有此用心，豈能契無住眞理。此類人們，佛謂之可憐憫者。現在幾位大心菩薩，發願爲國息災，修大悲懺法，邀虛雲來此主持。我們大家要精誠一致，當自己事來做，護國息災功德，此是人人應當做的。我們拜懺，稱揚聖號，最靈感的觀音，於此土最有緣。但心若不誠，亦不能感應。如誠心稱名，觀音無不尋聲救苦。《楞嚴經》二十五聖，惟觀音菩薩妙證圓通。文云：「彼佛教我從聞思修，入三摩地。初於聞中，入流忘所。所入既寂，動靜二相，了然不生。」一者十方諸佛同一慈力，二者十方眾生同一悲仰。觀音有大無畏，三十二應列為第一。又云「此方眞教體，清淨在音聞。」念六十二億恆沙法王子聖號，與念觀音一聲相等。

這部大悲懺，是四明法智大師所修。其悲願不可思議，其感應力亦不可思議。載籍甚詳，不可忽也。朝於斯，夕於斯。五體投地，三業清淨。能斷殺盜婬貪瞋癡，變十惡為十善，便符懺法妙理。並須發四大宏願，將他人香花，莊嚴自己福慧，何樂而不為！說是假，行是眞。今天將佛法大概說一說。彼既丈夫我亦然，自尊自貴，自然感應。

最後講一段故事你們聽聽。清代康熙帝時，元通和尚主持西域寺。一日有黃衣僧來，帝甚崇之，命師招待。師云：「彼非僧亦非人，是一青蛙精，但神通廣大。」時適久旱，帝乃命其求雨，雨果降，帝敬之愈甚。元通和尚曰：「可將雨水取來，是青蛙尿耳！」試之果然，邪正乃分。故《楞嚴經》五十種陰魔，均須識取，不然被其所轉，走入魔道了。請大眾留心。

（一月十八日晚在重慶慈雲寺開示）

學佛總以持戒爲本

菩薩們！這箇法會，虛雲太不知自量，不知各位上殿過堂，還要應酬佛事，辛苦萬分。晚上還要請各位念佛，聽開示，豈不是打閒岔嗎？內中有點說不出的意思。所謂諸佛菩薩，難滿眾生願。因爲有許多居士在法會中想聽開示，但昨天我也說過。拜懺與打七不同，沒有講開示的必要。他們發心也很難得，我現在不是「虛雲」，變成「虛名」了，說不出來的話。我已曾同當家師說過，這次法會，討各位受辛苦些，當自己事做。

如他方打淨七，天天無休息時間。這邊常住，田無一塊，瓦無一片，不應酬佛事不成功。應酬佛事，不能打七用功了。但佛事很忙，天黑大殿還要放燄口。所以在此時講一講，以便居士們過河回家。但拜懺四十九人，不能停聲，換人亦不停聲。常住最忙，這二十四人不可下壇。

所謂「開示」者，「開」即開啓，「示」即表示。講爲人之善惡，開顯本來面目，但這面孔無大小方圓聖凡男女等色相。凡所有相，皆是虛妄故也。視諸相非相，即見如來。但盡凡情，別無聖解。學道的人須眞實，不可掛羊頭賣狗肉，但向己求，莫從他覓。但有言說，都無實義。說是假，行是眞。充一人而多人，一家而一國、而多國，展轉變化，全世界不治而化矣！

學佛不論修何法門等，總以持戒爲本。如不持戒，縱有多智，皆爲魔事。楞嚴二十五門，各證圓通。故云：「方便有多門，歸元無二路。」自己擇一門爲正行，餘者爲助行，須福慧雙修。單福則屬人天有漏，單慧則爲狂徒。修行不斷殺心，臨終非作土地即城隍。我看見很多的人吃素半世，學密宗即吃肉，實可悲痛，完全與慈悲心違背。孟子都說聞其聲不忍食其肉，何況為佛弟子也！取他性命，悅我心意，貪一時之口福，造無邊之罪惡。何取何捨？何輕何重？每見出家釋子吃肉的也不少，我的嘴不好，叫我講我就無話不說。望大家共勉之。

（一月十九日開示）

戒定慧是佛子的必須條件

虛雲這次奉政府首長及諸位大居士邀請，赴渝主持護國息災大悲法會。路過此地，因時間所限，不能到各常住去拜訪問訊，諸請原諒。現在因修理汽車機件，來與各位談談。

各位都是老參上座，對於佛法已有相當研究，用不著我來饒舌。可是你們一定要我來說，又不得不說幾句。現在世界相爭相殺，人民生活，同在水深火熱之中。所謂「民不聊生」，此地幸有廣妙和尚弘揚佛法，普度眾生。虛雲此次得與各位相會一堂，因緣非偶。但虛雲不過比各位空長幾歲，其他自問無足取。民國創立，信教自由。政府本著國父遺教，迭經明令頒布。試觀異教如天主、耶穌、回教均在政府保護下，何以我國遍處毀廟逐僧的事？有冤無處訴！此點大家想想。他們毀廟逐僧，固然不對。但物必自腐而後蟲生。現在佛門弟子，多將自己責任放棄，不知道既爲佛子，當行佛事。

佛事者何？即戒定慧，是佛子必須條件。若能認眞修持，自然會感化這班惡魔，轉爲佛門護法。現在是和尚犯法，累到諸佛遭殃，霸廟宇，逐僧徒。他們不知道和尚不好，與廟宇何干？如黨員不好，與全黨無干一樣。如謂和尚不好，便要毀及廟宇。那麼黨員不好，豈不是要拆毀黨部。此種道理，我們希望眾人明白。我們大家總要各出一隻手，扶起破砂盆，不要說貴州人顧貴州佛法。須知佛教是整個的，人不分寃親，地不分疆界，方爲眞正大同主義。還要知到自己生死大事，更爲要緊。從聞思修，入三摩地，各人自己前進，切勿空過此生罷！

（二月一日在貴陽黔明寺開示　侍者惟因筆錄）

水陸法會緣起

此次省會四眾暨各大護法，促請虛雲來省弘揚佛法。虛雲知識淺薄，愧不敢當。經與諸代表訂明三點，第一敬辭歡迎，第二敬謝請齋，第三不能久留，均由諸代表承諾，虛雲始敢下山。到達後，蒙各界諸多優待。六榕寺地方窄狹，光臨者每不及應接，於是大眾請虛雲到此講幾句話。

有人以爲虛雲是什麼了不得的人，其實我是一個老朽木偶，無用無能、無話可說、無法可說。現在各界擬發起追悼陣亡將士暨死難同胞水陸法會，我今日且講水陸道場之緣起。何謂水陸？水者江海湖沼，陸者高低丘陵，水陸包含虛空。凡有色相，均不能離此三者。我佛如來發大慈悲，賑濟有情，故有此法門。

此法門緣佛在靈山會上說法時，阿難尊者在林間習定，見一鬼王，求佛普渡，釋迦牟尼佛因說水陸之法。此鬼王乃觀世音菩薩化身，憐諸眾苦，設法超度，使幽冥地獄眾生，均能超生極樂。中國則始於梁武帝，梁武帝請誌公和尚初起水陸大齋，發菩提心，制定水陸儀軌，極爲眞誠，利益昭著。蠟燭熄後，梁武帝一禮，燈燭盡明，再禮宮殿震動，三禮空中雨花。水陸之功德，有如此者。

唐朝法海寺英公禪師啓建水陸，超度秦莊襄王、范雎穰侯、白起王龍羽、張儀，軫昧等沈淪千餘年，均藉此超昇，幽魂超昇天界。宋蘇東坡居士、明蓮池大師等歷代聖賢，均加補充，儀軌益臻完備。

萬法由心所造，大家有誠心，必有感應。虛雲承各大護法虔邀主法，當勉爲其難。抗戰以來之陣亡將士，以身殉國，忠魂無依，崇德報功，自須超薦。其次不屈義民，流離道路，家破人亡，不降於敵，仍是爲國。無主孤魂，罔有得所。再有炸彈疫病覆車墮水一應枉死等衆，均須一體普渡，以慰幽靈。死者得安，生民獲益，所謂普利冥陽是也。

此即因果循環之理，挽回人心之道，不外諸惡莫作，衆善奉行。世間種種苦楚，無非種下惡因。如果昧盡良心，喪失孝悌忠信、禮義廉恥，而妄作妄爲。則歹人牽累好人，世界仍有禍亂。值玆國土重光之際，亟應興利除弊，改惡從善，以免再受敵人欺凌。如果不顧大局，再起內亂，人民不知死於何地。在此時期，凡屬有良心者，應當覺悟團結，解除劫運。溯思過去中國戰爭，肇自黃帝大戰蚩尤，以後戰爭不止。一部二十四史，有人說是相斫書。

如要永久和平，大家應當發大慈大悲的菩提心。「菩提」

是梵語，意思是「覺」。「覺」者，心地光明也。諸佛與眾生之差，只是覺與不覺而已。覺悟世間一切諸法緣生如幻，當體定實法不為所染，謂之聖賢。不覺則無明，無明起則事理為之糊塗。各人就自心的緣起，生十法界。十法界皆是一心所造。何為十法界？即四聖六凡是也。四聖者聲聞、緣覺、菩薩、佛，謂之四聖，超出三界，不受輪迴。四聖之分別，在發心之高下。最上者為佛，次菩薩，再次緣覺，又次聲聞。其餘天道、人道、修羅、畜生、餓鬼、地獄。六法界為六凡，均在苦海之中。天道為二十八層諸天，享盡福報，仍須輪迴。人道由帝王將相以至農工士庶，受盡生老病死之苦。阿修羅道有天之福，無天之德，終歸覆滅。畜生道亦有高下苦樂，由龍鳳獅子麒麟以至溼生化生之蟲蟻。鬼道苦樂不同，閻王城隍均為鬼王，以至一切無主孤魂千百年不能超脫者。最苦者為餓鬼，地獄道有苦無樂，名目繁多而最苦。十法界不出一心，覺與不覺之所由作也。我佛大慈大悲，說法令大眾發菩提心。菩提心參差不同，大者成佛，中者成菩薩，小者成緣覺聲聞。諸天亦有發菩提心者，依其大小深淺，成就不同。我們是在人道，應大發菩提心，救渡眾生，代眾生受苦，願去苦超昇。人人如此，人間自然無苦。

有人問我神通變化，世界何時太平？國運好不好？其實我是凡夫，一無所知。所謂老朽，朽木不可雕也。不過比各位多吃幾年飯，癡長幾年，多聽了幾句古人語，多看幾本經書，知道爲人之苦，故講這些話。各人不必問國家能否平靜，只問自己心地。無論朝暮，不分官民男女，如何實行孝悌忠信？克己互勵，不昧良心，忠於國家，教養兒女，和順夫妻，禮睦鄉黨，與朋友交而有信。人人如此世間自然太平，否則知過不改，苦楚必在後頭，比從前更不得了。

不管人心如何複雜，我自己守住本分，不妄爲干求，即以敵侵我作比。自前清道咸以來，外人進來，不全是要土地，最大目的爲通商，通商是爲財爲利。如果我們守本分，抱著君子居無求安、食無求飽，憂道不憂貧，不貪享樂境界，幾千年均過得。現在如何過不得！如果大家一條心，守本分，用土貨，外人無利可圖，自然不生侵凌之想。金錢不外流，自然民富國強，不必一定要飛機炸彈。目前人慾橫流，大家巇視舊道德。有心人引爲隱憂，恐無法教誨後人，不免刀兵之劫。我們要不爲世風所轉，明因果，知報應，知道種惡因得惡果，提倡道德。所謂積善之家，必有餘慶，自然龍天擁護，子孫昌盛。個人安分守己，國家也得太平。虛雲知識淺薄，今天只能將大齋勝會緣起，略述梗概。辛苦各位。

（民國三十五年八月十八日在廣州中山會館各界歡迎大會上開示詞
李纘錚記）

報佛恩

「機緣難得，開示有愧。」各位善知識，本人此次來廣州之因緣，是張發奎將軍及羅卓英主席，為超薦大戰及內戰之陣亡將士殉難同胞，故本人來廣州作一水陸法會。承香港佛教同人之約，本人亦欲與港地之護法舊弟子相見，故來港一行。今日得與諸位共處一堂，機緣頗為難得。若說到開示法要，本人感到十分慚愧。原因，一為言語不通，彼此隔閡；二為自己尚不能開示自己，何敢開示他人！故祇能說與諸位隨便談談。

「佛法常聞，港人之福。」吾輩佛教徒當知佛法難聞，但港方常有各大法師在各佛教場所講解經論，是誠不可謂非香港人之福。講經法師多，明教理者亦多，重要是教人不可著於外相。如經云：「凡所有相，皆是虛妄。」又云：「大地眾生，皆有如來智慧德相。」眾生具有如來智慧德相而不能成佛，全由塵勞煩惱之所迷惑。佛陀福德智慧圓滿是不迷常住眞心，常即不變，住即不動，眞即不假。此不變不動不假能覺悟了知一切法者，名常住眞心。「起惑作業，無量痛苦。」眾生因迷住眞心故。起惑作業，紛紛擾擾，此紛擾中即有無量痛苦在。如〈大乘起信論〉云：「無明不覺生三細，境界爲緣長六粗。」粗即可見諸事實之粗相。目前世間之現象是貪瞋癡及殺盜婬種種惡業充滿，由此惡業，引起流轉受報。致有眾生相續、世間相續（輪迴）。推此輪迴之因，爲心對外境迷執（無明）而起，如能覺悟，返妄歸眞。即能息除流轉輪迴之苦，何以有貪瞋癡，即能起殺盜婬種種惡業！

「人各淨心，世安民樂。」如一家庭父母養有子女數人，父母對之必加愛護。有愛即有貪，貪其所愛者，常得快樂及美好之享受。如貪求而不得，則瞋心隨起。瞋心熾盛，則起爭鬥。小者則家與家爭，大者則國與國爭，戰事爆發矣！故欲世界安寧人民和樂，必須各淨其心。貪瞋癡猶若人之心病，欲使去除此心病，必須良醫開示妙藥。佛即一切眾生心病的良醫，一切佛法是妙藥之單方。眾生心病有多種，故治心病之法門亦多。

「佛學必須注意實行。」如能信醫服藥，自必藥到病除。但信醫之藥方而不依方服藥。故雖有良醫妙藥，以不服故。病亦依然。故學佛而欲修淨白心者，必須注重於實行。復有不得不注意者。佛爲治各種不同心病，故設有多種法門。如治瞋心重者教修慈悲觀，治散亂心重者教修止觀，治業障重者教修念佛觀。一切如來三藏十二部經典，皆不可思議，不得於此中有所偏輕偏重。

「不離本宗，專心信賴。」祗能選擇何法門與本人最相應，即以此一法爲正，餘法爲副。專門修學，行住坐臥，不離本宗，如念佛則隨時隨地不忘念佛。試觀經中有，「受持六十二億恆河沙菩薩名號，與一心稱念觀世音菩薩名號，其功德正等無異。」皆爲勉勵衆生專心信賴所宗，作如是說。設學佛者，無有主宰，不專心修學，結果必一無所得。

「努力破除一切妄想。」又修學者，必須依佛戒，戒爲無上菩提本。如依佛戒，則不論參禪、念佛、講經，無一不是佛法。若離佛戒，縱參禪、念佛、講經，亦與佛法相違。入於外道，學佛修行，本非向外尋求目的，祇爲除去自己業障，使不致流轉生死。若了生死，無須行持。故經云：「佛說一切法，對治一切心。若無一切心，即無一切法。」此心即指妄想，其經中意，如無病即不須藥。又學佛者最要具足自信心。《梵網經》云：「我是已成佛，汝是當成佛。常作如是信，戒品已具足。」意謂人人如能自信，具有佛性，當來成佛，必努力解除一切客塵妄想。

「有如演戲，人生若夢。」自信自身本來是佛故。一切煩惱，一切相，一切障，皆是顚倒妄想。故修行者切不可執著，應當放下。所謂萬法皆空，一無所得。《金剛經》云：「一切有爲法，如夢幻泡影。如露亦如電，應作如是觀。」何以一切世間有爲法是如幻無實，此以喻明之。猶如演劇，臺上鼓樂奏時，戲子則扮演男女老少種種角色，演出喜怒哀樂等情節。臺上之天子，威風凜凜，及至臺後問之，則彼必答曰：「戲也。」臺上之殺人兇犯，驚怖憂愁；及至臺後問之，彼亦曰：「戲也。」

「設能覺了，何有苦樂！」演戲時情節逼眞，下臺後則一無所得。眾生亦復如是，煩惱未了時，榮華富貴，喜怒哀樂，般般出現。人人本來是佛，猶如戲子本身，煩惱流轉時，猶如扮演劇中人。設能覺了世間原是劇場，則處天堂亦不爲樂，在地獄亦不爲苦。男本非男，女本非女，本來清淨，佛性一如。世人不覺，常在夢中分別是我是他是親是怨，迷惑不息。其有出家者，雖離親戚眷屬，但又分別此是我居之寺院，是師、是徒、是同窗、是法友，亦屬執迷。

「返妄歸眞，自利利他。」故在家者被俗情迷，出家者亦有法友法眷之迷，皆未得眞覺。如能脫離一切迷惑，返妄歸眞，方可成佛。故六祖大師聽人念《金剛經》至「應無所住而生其心」之處，頓然有所覺悟。此八字，如從言語上解當不可得，必須心內領會。佛教眞理，雖不可以言說論表，但若全廢言說，則又有所不能，理必依文字方能引見義故。今之學佛者，應研習一切教理，而以行持爲根本，宣揚佛法，使佛法燈燈相續。「將此身心奉塵剎，是則名爲報佛恩。」希望一切學佛者，皆以此二語，以爲自利利他之標準，可也。

（民國三十六年在香港東蓮覺苑講）

三歸五戒大意

今蒙佛教同寅相邀，假座平安戲院與諸仁者說法。

「法」者，即眾生心。眾生心與佛心本無二心，是心具足一切法。即法即心，即心即法。如〈起信論〉云：「所言法者，即眾生心，具足世間出世間一切諸法。」所謂「世間法」者，即天、人、修羅、畜生、餓鬼、地獄，一切有情無情，依正因果等法，又名六凡法界。「出世間法」者，即聲聞、緣覺、菩薩、佛法是也，又名四聖法界。斯則四聖六凡，合名為十法界法也。此十法界法，不出一心之所造成。若隨顛倒迷染之緣，則有六凡法界生。若隨不顛倒悟淨之緣，則有四聖法界生。由是觀之，聖之與凡，唯心之垢淨而現。六凡心垢故，則現六道善惡罪福等相。四聖心淨故，則現威德自在光明赫奕，慈容德相。故經云：「菩薩清涼月，常遊畢竟空。眾生心垢淨，菩提影現中。」是故苦樂由心，炎涼自我，自心作業，自身受報。唯聖與凡，但問自心可矣。凡愚昏闇，未了唯心自造之旨，妄起疑惑。若遇逆境，則怨天尤人。遇順境，則驕矜自恃。或有終身作善而得惡報，作惡而得善報，則謗無因果。那知因果理微，如種果子，先熟先脫。假我今生雖作善業，反招惡報者，皆由過去惡業熟故。今生雖善，而過去之惡業已熟，不得不先受惡報，以今生善業未熟故，不得現受善報。信此理者，必無疑惑。然無始障深，久在迷途，備受辛酸，脫苦無由，當如之何！《楞嚴經》云：「一切眾生，生死相續，皆由不知常住眞心，性淨明體。此想不眞，故有輪轉。」夫欲不受輪轉者，當淨諸妄想。妄想淨，則輪迴自息，故迷心名為眾生，覺心名為諸佛。佛與眾生，一迷一悟而已。當知此靈明覺知之心，即天然佛性，人人本具，各各現成。凡夫雖具佛性，如礦中眞金，爲煩惱沙石之所包含，故大用不彰。如來歷劫修行，已淘去惑業沙石，如出礦精金，其金一純，更不重雜沙石，大用全彰。故稱爲出障圓明，大覺世尊。

現在我等既欲成佛，先當審觀因地發心，除去煩惱根本。煩惱苦滅，佛性圓彰。若因地修行不眞，則果招邪外之曲。若論修行之方，機有上中下之異，法亦有三乘人天法門不同。若爲上機者，則爲說大乘微妙法門。爲中機者，爲說出世解脫法門。爲下機者，則爲說解脫地獄餓鬼畜生三塗之苦。佛雖說種種法門，無論大小乘戒，皆以三歸五戒爲根本，務使受持者，諸惡莫作，眾善奉行。依之立身齊家治國，則人道主義盡。且苦因既息，苦果自滅，解脫三塗苦，生人天中，易入佛乘，則學佛主義亦盡。故三歸五戒，是導世之良津，拔苦與樂之妙法。茲先釋三歸，次明五戒。

所謂三歸依者，第一歸依佛、第二歸依法、第三歸依僧。何以先當歸依佛？佛為大覺世尊，究竟常樂，永離苦惱，導諸眾生，出迷籠，就覺道。佛為教化主，故先當歸依佛。次當歸依法者，是我佛法門，三世諸佛，皆依之修行而成就無量清淨功德。今日既欲返本還源，淨除心垢，捨佛法無由，故次當歸依法。三當歸依僧者，以佛法不自弘，須假人弘。人能弘法，方使從聞思修，證果成佛。況佛法無人說，雖智莫能了。難了之法，既藉僧得聞，此恩莫極，故當歸依僧。又名歸依三寶，三寶之義，分別有三，一者一體、二者別相、三者住持三寶。

一、一體三寶者，即一心自體，法爾具足佛法僧三寶故。梵語「佛陀」，此云「覺者」。當人一念靈明覺了之心，即自性一體佛寶。「法」者，「軌持」義，這個心性，能軌持世出世間一切諸法，即自性一體法寶。梵語「僧伽耶」，此云「和合眾」，即此覺心能持一切法，即心即法，法法唯是一心。即法即心，心法不二。事理和合，即自性一體僧寶。如是一心具足佛法僧三寶，三寶唯是一心，即是名一體三寶。眾生迷此，向外馳求，流轉生死。諸佛悟此，即證菩提。釋一體三寶竟。

二、別相三寶者，佛法僧三寶名相各別故。梵語「佛陀耶」，此云「覺者」。覺徹心源，究盡實相，是名「自覺」。將自證法門，覺悟一切眾生，是名「覺他」。自覺已圓，覺他亦竟，是名「覺滿」。三覺已圓，萬德俱備，究竟成佛。初菩提樹下成道，示丈六金身。於華嚴會上，現盧舍那尊特之身，是爲別相佛寶。如來隨機設教，五時所說權實諸經。三藏十二部，所詮教、理、行、證、因、果、智、斷，各有不同，是名別相法寶。稟教修行，從行契證，聲聞、緣覺、菩薩，三乘階次，各各不同，是名別相僧寶。釋別相三寶竟。

三、住持三寶者，佛滅度後，無論泥塑木雕，五金鑄作，紙畫布繪，諸佛形象，留世福田，恭敬如佛，功德難思，住持不絕，是名住持佛寶。無論黃卷貝葉，所詮三藏十二部大小乘經，使見聞者，依之修行，皆離苦得樂，乃至成佛，化化不絕，是名住持法寶。剃髮染衣，弘宗演教，化度眾生，紹隆佛種，是名住持僧寶。釋住持三寶竟。

而住持、別相、一體，悉稱寶者，不為世法之所侵凌故，不為煩惱之所染污故。世間七珍，雖稱為寶，享樂一時，畢竟成空，只能養生，不能脫死。若論三寶，則能息無邊生死，遠離一切大怖畏故，永享常樂。今言歸依三寶者，不特歸依住持三寶、別相三寶，亦復歸依一體自性三寶。落於言說，雖名三種三寶，其實唯是一心，更無別法。舉凡一切事物，莫不由心。心攝一切，如如意珠，無不具足。所以教中但云自歸依佛、自歸依法、自歸依僧等，終不云歸依於他。六祖云：「自性不歸，無所歸處。」夫「歸」者，是還原義。眾生六根從一心起，既背本源馳散六塵，今舉命根總攝六情，還歸一心之源，故曰歸命，故歸依亦即歸命義。「依」者，是依止義。以諸眾生一向隨諸色聲，逐念流轉，苦海漂沈，無依無止，不知何處是歸寧之地。今歸依三寶，則身有所歸，心有所依。從是以後，以三寶為師，三界迷途從此可出，發菩提心，佛果可期。釋歸依三寶義竟。

既說三歸，次明五戒。歸依三寶已，當依法修行，方脫三界苦。若不依法修行，則無由脫黏去縛。欲脫生死黏，去煩惱縛，非五戒不為功。故云：「五戒不持，人天路絕。」夫「戒」者，生善滅惡之基，道德之本，超凡入聖之工具。以從戒生定，從定發慧，因戒定慧，方由菩提路而成正覺。故纔登戒品，便成佛可期。故曰：「戒為無上菩提本」也。我佛世尊，開方便門，初唱三歸次申五戒，如是乃至大小乘戒等，良由眾機心行非一，且由淺以至深，從微而及顯，究竟歸元，本無二三。

五戒者，一殺戒、二盜戒、三婬戒、四妄語戒、五飲酒戒。此五戒名曰學處，又名學跡，是在家男女所應學故。又名路徑，若有遊此，便昇大智慧殿故。一切律儀妙行善法，皆由此路故。又名學本，諸所應學，此爲本故。又名五大施，謂以攝取無量眾生故，成就無量功德故。而斯五戒，在天謂之五星，在山謂之五嶽，在人謂之五臟，在儒謂之五常。以仁者不殺害，義者不盜取，禮者不邪婬，智者不飲酒，信者不妄語。五戒若全，則不求仁而仁著，不欣義而義敷，不祈禮而禮立，不行智而智明，不慕信而信揚。所謂振綱提網，復何功以加之。總論五戒已竟。

若別釋五戒義者。

第一、殺戒。所謂惻隱之心，人皆有之。孟子云：「聞其聲不忍食其肉。」況學佛之人，豈肯萌其殺念而招苦果！是故佛制弟子，若欲行仁，首持殺戒。殺戒若持，輪迴自息。殺業之始，無非以強凌弱，或貪圖口腹，或因財害命。故有人殺人、畜殺畜等，都屬於瞋殺慢殺。若貪口腹而殺者，是屬癡殺。然將他肉以補己身，豈君子之所忍爲哉！豈知殺機若萌，仇對自起。故《楞嚴經》云：「以人食羊，羊死爲人，人死爲羊。如是乃至十生之類，死死相生，互來相噉，惡業俱生。窮未來際，是等則以盜貪爲本。」故有劫數難逃之報。豈獨殺人當償命，殺畜亦復然。如佛世時之琉璃王誅釋種，釋迦佛種族當爲琉璃王所誅時，釋尊尚頭痛難忍者。果從何因耶？以琉璃王昔爲大魚，釋迦種族是食魚肉者，釋尊昔爲小童，曾以棍子敲魚頭三下，今故感頭痛。釋種是噉魚肉者，故爲琉璃王之所誅滅。如是觀之，因果相酬，可驚可怖。故

《楞嚴經》云：「則諸世間胎卵溼化，隨力強弱，遞相吞食，是等則以殺食為本。」是故佛慈豈但及於人類。而慈及蟻子，佛法平等，無高下故。佛眼觀之，大地眾生皆能成佛。又《梵網經》云：「一切男子是我父，一切女人是我母，我生生無不從之受生，故六道眾生皆是我父母。而殺而食者，即殺我父母。」世間無知，互相吞噉，故如來制不得傷害生命。且蠢動含靈，皆有佛性。昆蟲之屬，尚不得害，況同類相殘。一切眾生既皆有佛性，未來必定成佛。既是過去父母，亦為未來諸佛，豈敢傷之！凡愚俗子，但求自利，不顧人道之傷殘。如孟子云：「矢人惟恐不傷人。」但求鬥爭之勝利，故有水陸空中之殺具。人心日形險惡，世道愈入漩渦，相殺相誅，何時得了。若不圖挽救，竟成苦海。凡關世道人心者，莫不疾首痛心，力求和平，挽救人心，使歸正軌。重仁慈不重武力，勿貪口腹、見利忘義，則殺心不起。殺機若息，劫運潛消矣！奈何人心不古，置因果於罔聞。那知因果理微，如影隨形，如響應聲。若深信之者，人心則不改而善。縱遇順逆之境，必無憂喜。當知現生所受，或遇刀兵水火劫賊等事，皆由自造。如大戰時，遍世不寧，惟澳地僑居，得免諸難，皆由宿昔無深重殺業。或有遇難者，是其個人別業所感。當知因果理微，不可思議。若信此理，殺心自息。舉世若能持此殺戒，則一切殺具皆歸無用矣！如來制此殺戒爲首，無非欲令人人慈仁愍物，拔自他苦，同證常樂而已矣！殺戒之義略釋已竟。

二、明盜戒者。謂盜從貪起，佛制弟子於一針一草之微，他人不與，我不敢取，何況竊盜！但是眾生唯見現利，種種計求，不告而取。如是乃至以利求利，惡求多求，無厭無足，皆爲貪盜所攝。盜之細相如此。大而十方僧物，現前僧物，乃至佛法僧物，混亂互用。雖針草之微，或自用或與人，皆盜中之至重。花首大士云：「五逆十重，我皆能救。盜十方僧物，我不能救。」乃至父母師長物，不與而取，尚犯重罪，況其他焉。若能深信因果，絲毫莫犯，則此戒不持而自持。大可以道不拾遺，夜不閉門，舉世皆成義讓之人，更何須監守牢獄哉！釋盜戒已竟。

三、明婬戒者。在家出家弟子，皆當嚴守此戒。在家五戒，雖正式夫婦非屬邪婬。然他人婦女，他所守護，言語嘲調，尚屬不可，況可侵凌貞潔，污淨梵行者乎！佛制在家弟子，禁於邪婬。出家弟子，邪正俱禁。《楞嚴經》云：「汝愛我心，我憐汝色。以是因緣，經千百劫，常在纏縛。唯殺盜婬，三爲根本，以是因緣，業果相續。」舉世若能持此戒，不祈禮而禮立，威儀自守，不肅而嚴，而法庭可無案牘之勞形矣！釋婬戒之義已竟。

四、明妄語戒者。妄語之事，亦當制止。見則言見，聞則言聞，言無妄出。細故之事，尙須眞實，況事關重要乎！觀乎妄語之由，多爲希求名譽利養，匿情變作，昧心厚顏。如是乃至未得聖果謂得，未證佛心謂證，欺罔聖賢，誑惑世人，是名大妄語。大妄語若成，墮無間地獄，當愼之莫犯。佛教以直心是道場，何不依之修學。舉世能持此戒，則信用具足，不邀名而名自至，不求利而福自歸。釋妄語戒已竟。

五、明飲酒戒。飲酒宜制者，酒雖非葷而能迷心失性。《大智度論》明有三十六過，《梵網經》云：「過酒器與人，五百世無手，何況自飲，及教人飲！」昔有比丘能降毒龍，唯好飲酒。一日，醉臥途中，嘔吐酸臭難近，唯有蝦蟆舐其唇吻。適遇佛至其側，佛歎云：『汝有神力能降毒龍，今日醉臥，反爲蝦蟆所降，汝之神力何在？』故佛制止飲酒，酒戒從此始，以酒能亂性招殃。又如昔有在家五戒弟子，因破酒戒而殺盜婬妄齊破，可不哀哉！故酒能爲起罪因緣，痛戒沾唇，況儘量而飲乎！舉世若能持此戒，則乘醉惹禍，自無其人矣！釋酒戒已竟。

若欲不犯此五戒，重在攝心。妄心若攝，分別不起，愛憎自無，種種惡業，何由而生。故《楞嚴經》云：「攝心爲戒，因戒生定，從定發慧。」當知攝心二字具足戒、定、慧，三無漏學，斷除貪瞋癡，則諸惡不起，自能眾善奉行。故攝心二字豈獨挽救人心！維持世道，果能攝心一處，無事不辦，日久功深，菩提可冀。我佛洪恩，初唱三歸，次申五戒。用斯方便，先拔眾生苦。其恩浩大，豈碎身之所能報其萬一哉！

是故聞說此三歸五戒之義，當從解起行。若百家之鄉，十人持五戒，則十人淳謹。百人修十善，則百人和睦。傳此風教，遍於宇內，則仁人百萬。夫能行一善則去一惡，則息一刑。一刑息於家，百刑息於國。其爲國主者，則不治而坐致太平矣！」

所以受持五戒，不但欽遵佛制，報感樂果，抑且冥助國律，益補邦家，斯乃三歸五戒之名德行相也。諸位若能眞實行持，則得成佛種子，行解相應，方到彼岸。願諸大眾，從此之後，從聞生解。解而思，思而修，則成佛可期，常勤精進，輾轉示人，方報佛恩。希諸大眾，各宜努力，前途無量，消災免難。若能受三歸五戒，諸惡不作，眾善奉行，自能與道相應，無上佛道，可以圓成矣！

（民國三十六年丁亥八月初一日在澳門平安戲院開示
歸戒弟子寬榮譯語并記）

一門深入不可分心

善知識！虛雲此次由港還山，路經此地，辱承各位相邀敘談，莫非累劫之緣。善知識！講到「佛法」兩字，實與世間一切善法，等無差別。豪傑之士，由於學問修養的成就，識見超常，先知先覺，出其所學，安定世間。諸佛祖師，由於歷劫修行的成就，正知正覺，發大慈悲，普度三界。世出世間賢聖，因行果位，一道齊平。

善知識！「佛法」就是人人本分之法，總要步步立穩腳根，遠離妄想執著，便是無上菩提。古德所謂「平常心是道」，祇如孔子之道，不外「中庸」，約理邊說，不偏是謂中，不易之謂庸。約事邊說，中者中道，凡事無過無不及。庸者庸常，遠離怪力亂神，循分做人，別無奇特，佛法也是一樣。吾人須是從平實處見得親切，從平實處行得親切，纔有少分相應，纔不至徒託空言。平實之法，莫如十善。十善者，戒貪、戒瞋、戒癡、戒殺、戒盜、戒婬、戒綺語、戒妄語、戒兩舌、戒惡口。如是十善，老僧常談，可是果能眞實踐履，卻是成佛作祖的礎石，亦爲世界太平建立人間淨土之機樞。六祖說「心平何勞持戒」，是爲最上根人說。上根利智，一聞道法，行解相應。如香象渡河，截流而過，善相且無，何有於惡！若是中下根下，常被境風所轉。心平二字，談何容易。境風有八，利、衰、毀、譽、稱、譏、苦、樂，名爲八風。行人遇著利風，便生貪著。遇著衰風，便生愁懊。遇著毀風，便生瞋恚。遇著譽風，便生歡喜。遇著稱風，居之不疑。遇著譏風，因羞成怒。遇著苦風，喪其所守。遇著樂風，流連忘返。如是八風飄鼓，心逐境遷，生死到來，如何抵敵？曷若恆時步步爲營，從事相體認，舉心動念，當修十善。事相雖末，攝末歸本，疾得菩提。

復次，佛門略開十宗、四十餘派，而以禪淨律密四宗，攝機較廣。善知識！佛境如王都，各宗如通都大路。任何一路，皆能覲王。眾生散處四方，由於出發之點，各個不同。然而到達王所，卻是一樣有效。《金剛經》云：「是法平等無有高下。」但吾人若今日向這路一逛，明日又向那路一逛，流離浪蕩，則終無到達之期。六祖云：「離道別覓道，終身不見道。波波度一生，到頭還自懊。」垂誡深矣！所以吾人要一門深入，不可分心，不可退轉。如鼠齕棺材，但從一處用力，久自得出。若欲旁通餘宗，自須識其主伴。禪宗的行人，便應以禪宗法門為主，餘宗教理為伴。淨土宗的行人，便應以淨土法門為主，餘宗教理為伴。律宗密宗亦復如是，方免韓盧逐塊之弊。佛門戒律，各宗皆須嚴持。識主伴如行路知方向，持戒律如行路有資糧。宗趣雖然不同，到頭還是一樣。所謂「歸元性無二，方便有多門」也。今日座中皆上善人，與佛有分。虛雲嘮叨移時，亦不過爲虛空著楔而已。珍重。

（三十六年九月廿七日在廣州聯義社演說）

方便爲究竟

善知識！今天是佛教志德醫院成立日子，承各位邀虛雲主持開幕典禮，這事甚爲希有。廣州醫院，冠上佛教兩字者，尙屬初見。善知識！人生八苦，病居其一。我佛出世，原爲衆生離苦得樂，所以五明之學，有醫方明，禪門晚課願文，有疾疫世而化藥草之句。菩薩爲衆生救療沈痾，不惜身命，如藥王菩薩，以衆香塗身，自焚供佛，供佛即是供衆生。「心佛與衆生，是三無差別。」華嚴了義，其理可思。諸佛時時念著衆生，如母念子。衆生心有貪瞋癡三病，佛爲說戒定慧三法以治之。衆生身有風寒暑溼之病，佛爲演「醫方明」以治之。《淨名經》所謂：「衆生病故，菩薩病。」同體大悲，慈眼如是。善知識！世間賢聖，亦同此心，亦同此理。只如神農嘗百草，亦是爲衆生而嘗。菩薩在因地修行，現種種身而為說法，神農氏即是菩薩，現醫王身而為說法。善知識！人類的病，五欲為因，或屬宿業，無始亦由五欲，疾病發作，需他救治。目前無力求醫者，實非少數。各位善長，發心倡辦此院，贈醫贈藥，此心便是菩提心，正是我佛慈悲本懷。善知識！菩提者，正覺也。正覺之心，不落人我善惡二邊，平等布施，冤親無間。醫著我的眷屬固然留心，醫著他人眷屬，亦同樣盡道。善人惡人，入到院來，等心看護。我佛過去生中，嘗捨身飼虎，其義可思也。此院深賴粱董事長及陳院長熱心毅力，乃有今天的成就。古語說：「莫為之先，雖善不彰。莫為之後，雖美弗揚。」座上大眾，今後總要有錢的出錢、有力的出力。六祖說：「佛法在世間，不離世間覺。離世覓菩提，恰如求兔角。」大眾努力，開此院是大慈大悲工作，實現我佛「方便為究竟」的眞諦，虛雲不勝馨香頂祝之至也。

（在廣州佛教志德醫院演講）

參禪與念佛

念佛的人，每每譭謗參禪；參禪的人，每每譭謗念佛。好像是死對頭，必欲對方死而後快，這個是佛門最堪悲歎的惡現象。俗語也有說，家和萬事興，家衰口不停，兄弟鬩牆，那得不受人家的恥笑和輕視呀！參禪念佛等等法門，本來都是釋迦老子親口所說。道本無二，不過以眾生的夙因和根器各各不同，爲應病與藥計，便方便說了許多法門來攝化群機。後來諸大師依教分宗，亦不過按當世所趨來對機說法而已。如果就其性近者來修持，則哪一門都是入道妙門，本沒有高下的分別。而且法法本來可以互通、圓融無礙的。譬如念佛到一心不亂，何嘗不是參禪，參禪參到能所雙忘。又何嘗不是念實相佛！禪者，淨中之禪；淨者，禪中之淨。禪與淨，本相輔而行，奈何世人偏執，起門戶之見，自讚譭他，很像水火不相容，盡違背佛祖分宗別教的深意，且無意中犯了譭謗佛法危害佛門的重罪，不是一件極可哀可愍的事嗎？望我同仁，不論修持哪一個法門的，都深體佛祖無諍之旨，勿再同室操戈，大家協力同心，挽救這隻浪濤洶湧中的危舟吧！

參禪的先決條件

參禪的目的，在明心見性，就是要去掉自心的污染，實見自性的面目。污染就是妄想執著，自性就是如來智慧德相。如來智慧德相，爲諸佛眾生所同具，無二無別。若離了妄想執著，就證得自己的如來智慧德相，就是佛，否則就是眾生。祇爲你我從無量劫來，迷淪生死，染污久了，不能當下頓脫妄想，實見本性，所以要參禪。因此參禪的先決條件，就是除妄想。妄想如何除法？釋迦牟尼佛說的很多，最簡單的莫如「歇即菩提」一個「歇」字。禪宗由達摩祖師傳來東土，到六祖後，禪風廣播，震爍古今。但達摩祖師和六祖開示學人最緊要的話，莫若「屛息諸緣，一念不生。」屛息諸緣，就是萬緣放下，所以「萬緣放下，一念不生。」這兩句話實在是參禪的先決條件。這兩句話如果不做到，參禪不但是說沒有成功，就是入門都不可能。蓋萬緣纏繞念念生滅，你還談得上參禪嗎？

「萬緣放下，一念不生。」是參禪的先決條件。我們既然知道了，那末，如何纔能做到呢？上焉者一念永歇，直至無生，頓證菩提，毫無絡索。其次則以理除事，了知自性，本來清淨，煩惱菩提，生死涅槃，皆是假名，原不與我自性相干。事事物物，皆是夢幻泡影，我此四大色身，與山河大地，在自性中，如海中的浮漚一樣，隨起隨滅，無礙本體。不應隨一切幻事的生住異滅，而起欣厭取捨，通身放下，如死人一樣，自然根塵識心消落，貪瞋癡愛泯滅。所有這身子的痛癢苦樂飢寒飽暖、榮辱生死禍福吉凶、毀譽得喪安危險夷，一概置之度外，這樣纔算放下。一放下，一切放下，永永放下，叫作萬緣放下。萬緣放下了，妄想自消，分別不起，的條件具備了。再用功眞參實究，明心見性纔有分。至是參禪執著遠離。至此一念不生，自性光明，全體顯露，至是參禪的條件具備了。再用功眞參實究，明心見性纔有分。

日來常有禪人來問話，夫法本無法，一落言詮，即非實義。了此一心，本來是佛，直下無事，各各現成。說修說證，都是魔話。達摩東來，「直指人心，見性成佛。」明明白白指示，大地一切眾生都是佛，直下認得此清淨自性，隨順無染。二六時中，行住坐臥，心都無異，就是現成的佛，不須用心用力，更不要有作有爲，不勞纖毫言說思惟。所以說成佛是最容易的事，最自在的事，而且操之在我，不假外求。大地一切眾生，如果不甘長劫輪轉於四生六道，永沈苦海，而願成佛，常樂我淨，諦信佛祖誠言，放下一切，善惡都莫思量，各各可以立地成佛。諸佛菩薩及歷代祖師，發願度盡一切眾生，不是無憑無據，空發大願，空講大話的。

上來所說，法爾如此。且經佛祖反覆闡明，叮嚀囑咐，眞語實語，并無絲毫虛誑。無奈大地一切眾生，從無量劫來，迷淪生死苦海，頭出頭沒，輪轉不已，迷惑顚倒，背覺合塵，猶如精金投入糞坑，不惟不得受用，而且染污不堪。佛以大慈悲，不得已說出八萬四千法門，俾各色各樣根器不同的眾生，用來對治貪瞋癡愛等八萬四千習氣毛病。猶如金染上了各種污垢，乃教你用鏟、用刷、用水、用布等來洗刷琢抹一樣。所以佛說的法，門門都是妙法，都可以了生死，成佛道。只有當機不當機的問題，不必強分法門的高下。流傳中國最普通的法門爲宗教律淨密，這五種法門，隨各人的根性和興趣，任行一門都可以。總在一門深入，歷久不變，就可以成就。

宗門主參禪，參禪在「明心見性」，就是要參透自己的本來面目。所謂「明悟自心，徹見本性。」這個法門，自佛拈花起，至達摩祖師傳來東土以後，下手功夫，屢有變遷。

在唐宋以前的禪德，多是由一言半句，就悟道了。師徒間的傳授，不過以心印心，并沒有什麼實法。平日參問酬答也不過隨方解縛，因病與藥而已。宋代以後，人們的根器陋劣了，講了做不到。譬如說「放下一切」、「善惡莫思」，但總是放不下，不是思善，就是思惡。到了這個時候，祖師們不得已，採取以毒攻毒的辦法，教學人參公案。初是看話頭，甚至於要咬定一個死話頭，教你咬得緊緊，剎那不要放鬆。如老鼠啃棺材相似，咬定一處，不通不止，目的在以一念抵制萬念。這實在是不得已的辦法。如惡毒在身，非開刀療治，難以生效。古人的公案多得很，後來專講看話頭。有的「看拖死屍的是誰」，有的「看父母未生以前，如何是我本來面目」，晚近諸方多用「看念佛是誰」這一話頭。其實都是一樣，都很平常，并無奇特。如果你要說，看念經的是誰，看持咒的是誰，看拜佛的是誰，看吃飯的是誰，看穿衣的是誰，看走路的是誰，看睡覺的是誰，都是一個樣子。「誰」字下的答案，就是心話從心起。

心是話之頭，念從心起。心是念之頭，萬法皆從心生，心是萬法之頭。其實話頭，即是念頭，念之前頭就是心。直言之，一念未生以前就是話頭。由此你我知道，看話頭就是觀心。父母未生以前的本來面目就是心，看父母未生以前的本來面目，就是觀心。性即是心，「反聞聞自性」，即是反觀觀自心。「圓照清淨覺相」，清淨覺相即是心，照即觀也。心即是佛，念佛即是觀佛，觀佛即是觀心。所以說「看話頭」、或者是說「看念佛是誰」，就是觀心，即是觀照自心清淨覺體，即是觀照自性佛。心即性、即覺、即佛，無有形相方所，了不可得，清淨本然，周徧法界，不出不入，無往無來，就是本來現成的清淨法身佛。

行人都攝六根，從一念始生之處看去，照顧此一話頭，看到離念的清淨自心。再綿綿密密，恬恬淡淡，寂而照之，直下五蘊皆空，身心俱寂，了無一事。從此晝夜六時，行住坐臥，如如不動，日久功深，見性成佛，苦厄度盡。昔高峰祖師云：「學者能看個話頭，如投一片瓦塊在萬丈深潭，直下落底。若七日不得開悟，當截取老僧頭去。」同參們！這是過來人的話，是眞語實語，不是騙人的誑語啊！

然而爲什麼現代的人，看話頭的多而悟道的人沒有幾個呢？這個由於現代的人，根器不及古人，亦由學者對參禪看話頭的理路，多是沒有摸清。有的人東參西訪、南奔北走，結果鬧到老，對一個話頭還沒有弄明白，不知什麼是話頭。如何才算看話頭？一生總是執著言句名相，在話尾上用心。「看念佛是誰」呀！「照顧話頭」呀！看來看去，參來參去，與話頭東西背馳，那裡會悟此本然的無爲大道呢！如何到得這一切不受的王位上去呢？金屑放在眼裡，眼只有瞎，那裡會放大光明呀！可憐啊可憐啊！好好的兒女，離家學道，志願非凡，結果空勞一場，殊可悲憫。古人云：「寧可千年不悟，不可一日錯路。」修行悟道，易亦難，難亦易。如開電燈一樣，會則彈指之間，大放光明，萬年之黑暗頓除。不會則機壞燈毀，煩惱轉增。有些參禪看話頭的人，著魔發狂，吐血羅病，無明火大，人我見深，不是很顯著的例子嗎！

所以用功的人又要善於調和身心。務須心平氣和，無罣無礙，無我無人，行住坐臥，妙合玄機。參禪這一法，本來無可分別，但做起功夫來，初參有初參的難易，老參有老參的難易。初參的難處在什麼地方呢？身心不純熟，門路找不清。功夫用不上，不是心中著急，就是打盹度日，結果成爲「頭年初參，二年老參，三年不參。」易的地方是什麼呢？祇要具足一個信心，長永心和無心。所謂信心者，第一信我此心，本來是佛，與十方三世諸佛眾生無異。第二信釋迦牟尼佛說的法，法法都可以了生死，成佛道。所謂長永心者，就是選定一法，終生行之。乃至來生又來生，都如此行持。參禪的總是如此參去，念佛的總是如此念去，持咒的總是如此持去，學教的總是從聞思修行去。任修何種法門，總以戒爲根本。果能如是做去，將來沒有不成的。

溈山老人說：「若有人能行此法，三生若能不退，佛階決定可期。」又永嘉老人說：「若將妄語誑眾生，永墮拔舌塵沙劫。」所謂無心者，就是放下一切，如死人一般。終日隨眾起倒，不再起一點分別執著，成爲一個無心道人。初發心人，具足了這三心。若是參禪看話頭，就看「念佛是誰」，你自己默念幾聲「阿彌陀佛」，看這念佛的是誰？這一念是從何處起的？當知這一念不是從我口中起的，也不是從我肉身起的。若是從我身或口起的，我若死了，我的身口猶在，何以不能念了呢？當知此一念是從我心起的，即從心念起處，一覷覷定，驀直看去。如貓捕鼠，全副精神集中於此，沒有二念。但要緩急適度，不可操之太急，發生病障。行住坐臥，都是如此，日久功深，瓜熟蒂落，因緣時至，觸著碰著，忽然大悟。此時如人飲水，冷煖自知，直至無疑之地。如十字街頭見親爺，得大安樂。

老參的難易如何呢？所謂老參是指親近過善知識，用功多年，經過了一番煆煉，身心純熟，理路清楚，自在用功，不感辛苦。老參上座的難處，就是在此。自在明白當中，停住了，中止化城，不到寶所，能靜不能動，不能得眞實受用。甚至觸境生情，取捨如故，欣厭宛然。粗細妄想，依然牢固。所用功夫，如冷水泡石頭，不起作用，久之也就疲懈下去，終於不能得果起用。老參上座，知道了這個困難，立即提起本參話頭，抖擻精神。於百尺竿頭，再行邁進，直到高高峰頂立。深深海底行，撒手縱橫去。與佛祖覿體相見，困難安在，不亦易乎！

話頭即是一心，你我此一念心，不在中間內外，亦在中間內外，如虛空的不動而偏一切處。所以話頭不要向上提，也不要向下壓。提上則引起掉舉，壓下則落於昏沈。違本心性，皆非中道。大家怕妄想，以降伏妄想爲極難。我告訴諸位，不要怕妄想，亦不要費力去降伏他。你只要認得妄想，不執著他，不隨逐他，也不要排遣他。只不相續，則妄想自離。所謂「妄起即覺，覺即妄離。」若能利用妄想做功夫，看此妄想從何處起？妄想無性，當體立空，即復我本無的心性。自性清淨法身佛，即此現前。究實言之，眞妄一體，生佛不二。生死涅槃，菩提煩惱，都是本心本性，不必分別，不必欣厭，不必取捨。此心清淨，本來是佛，不需一法。哪裡有許多囉嗦。——參。

參禪法要

禪堂開示

引言

諸位常時來請開示，令我很覺感愧。諸位天天辛辛苦苦，砍柴鋤地，挑土搬磚，一天忙到晚也沒打失辦道的念頭。那種為道的殷重心，實在令人感動。虛雲慚愧，無道無德，說不上所謂開示。祇是拾古人幾句涎唾，來酬諸位之問而已。

用功的入門方法

用功辦道的方法很多，現在且約略說說。

一、辦道的先決條件

(1)深信因果

無論什麼人，尤其想用功辦道的人，先要深信因果。若不信因果，妄作胡爲。不要說辦道不成功，三塗少他不了。佛云：「欲知前世因，今生受者是。欲知來世果，今生作者是。」又說：「假使百千劫，所造業不亡。因緣會遇時，果報還自受。」《楞嚴經》說：「因地不眞，果招紆曲。」故種善因結善果，種惡因結惡果。種瓜得瓜，種豆得豆，乃必然的道理。談到因果，我說兩件故事來證明。

一、琉璃王誅釋種的故事。釋迦佛前，迦毗羅閱城裡有一個捕魚村，村裡有個大池。那時天旱水涸，池裡的魚類盡給村人取喫，最後剩下一尾最大的魚，也被烹殺。祇有一個小孩從來沒有喫魚肉，僅那天敲了大魚頭三下來玩耍。後來釋迦佛住世的時候，波斯匿王很相信佛法，娶釋種女生下一個太子，叫做琉璃。琉璃幼時在釋種住的迦毗羅閱城讀書，一天因爲戲坐佛的座位，被人罵他，把他拋下來，懷恨在心。及至他做國王，便率大兵攻打迦毗羅閱城，把城裡居民盡數殺戮。當時佛頭痛了三天，諸大弟子都請佛設法解救他們。佛說定業難轉，目犍連尊者以神通力用鉢攝藏釋迦親族五百人在空中，滿以爲把他們救出。那知放下來時，已盡變爲血水。諸大弟子請問佛，佛便將過去村民喫魚類那段公案說出。那時大魚就是現在的琉璃王前身，他率領的軍隊，就是當日池裡的魚類。現在被殺的羅閱城居民，就是當日喫魚的人。佛本身就是當日的小孩，因爲敲了魚頭三下，所以現在要遭頭痛三天之報，定業難逃。所以釋族五百人，雖被目犍連尊者救出，也難逃性命。後來琉璃王生墮地獄，冤冤相報，沒有了期。因果實在可怕。

二、百丈度野狐的故事。百丈老人有一天上堂，下座後，各人都已散去。獨有一位老人沒有跑，百丈問他做什麼？他說：「我不是人，實是野狐精，前生本是這裡的堂頭。因有個學人問我：『大修行人還落因果否？』我說：『不落因果。』便因此墮落，做了五百年野狐精，沒法脫身，請和尚慈悲開示。」百丈說：「你來問我。」那老人便道：「請問和尚，大修行人還落因果否？」百丈答道：「不昧因果。」那老人言下大悟，即禮謝道。「今承和尚代語，令我超脫狐身。我在後山巖下，祈和尚以亡僧禮送。」第二天百丈在後山石巖以杖撥出一頭死狐，便用亡僧禮將他化葬。我們聽了這兩段故事，便確知因果可畏。雖成佛也難免頭痛之報，報應絲毫不爽，定業實在難逃。我們宜時加警惕，愼勿造因。

⑵嚴持戒律

用功辦道首要持戒。戒是無上菩提之本，因戒纔可以生定，因定纔可以發慧。若不持戒而修行，無有是處。《楞嚴經》四種清淨明誨告訴我們，不持戒而修三昧者，塵不可出。縱有多智禪定現前，亦落邪魔外道。可知道持戒的重要。持戒的人，龍天擁護，魔外敬畏。破戒的人，鬼言大賊，掃其足跡。

從前在罽賓國近着僧伽藍的地，有條毒龍時常出來爲害地方。有五百位阿羅漢聚在一起，用禪定力去驅逐他，總沒法把他趕跑。後來另有一位僧人，也不入禪定，僅對那毒龍說了一句話：「賢善遠此處去。」那毒龍便遠跑了。眾羅漢問那僧人什麼神通把毒龍趕跑？他說：「我不以禪定力，直以謹愼於戒，守護輕戒，猶如重禁。」我們想想，五百位羅漢的禪定力，也不及一位嚴守禁戒的僧人。或云，六祖說「心平何勞持戒，行直何用參禪。」我請問你的心已平直沒有？有個月裡嫦娥赤身露體抱著你，你能不動心嗎？有人無理辱罵痛打你，你能不生瞋恨心嗎？你能夠不分別冤親憎愛、人我是非嗎？統統做得到，才好開大口，否則不要說空話。

(3) 堅固信心

想用功辦道，先要一個堅固信心。「信爲道源功德母」，無論做什麼事沒有信心，是做不好的。我們要了生脫死，尤其要一個堅固信心。佛說大地眾生皆有如來智慧德相，只因妄想執著，不能證得。又說了種種法門來對治眾生的心病，我們就當信佛語不虛，信眾生皆可成佛。但我們爲什麼不成佛呢？皆因未有如法下死功夫呀！譬如我們信知黃豆可造豆腐，你不去造他，黃豆不會自己變成豆腐。即使造了，石膏放不如法，豆腐也會造不成。若能如法磨煮去渣，放適量的石膏，決定可成豆腐。辦道亦復如是，不用功固然不可以成佛。用功不如法，佛也是不能成。若能如法修行，不退不悔，決定可以成佛。故我們應當深信自己本來是佛，更應深信依法修行決定成佛。永嘉禪師說：「證實相，無人法，刹那滅卻阿鼻業。若將妄語誑眾生，自招拔舌塵沙劫。」他老人家慈悲，要堅定後人的信心，故發如此弘誓。

⑷ 決定行門

信心既具，便要擇定一個法門來修持，切不可朝秦暮楚。不論念佛也好，持咒也好，參禪也好，總要認定一門，驀直幹去，永不退悔。今天不成功，明天一樣幹。今年不成功，明年一樣幹。今世不成功，來世一樣幹。溈山老人所謂：「生生若能不退，佛階決定可期。」有等人打不定主意，今天聽那位善知識說念佛好，又念兩天佛。明天聽某位善知識說參禪好，又參兩天禪。東弄弄，西弄弄。一生弄到死，總弄不出半點「名堂」，豈不冤哉枉也！

二、參禪方法

用功的法門雖多，諸佛祖師皆以參禪爲無上妙門。楞嚴會上佛敕文殊菩薩揀選圓通，以觀音菩薩的耳根圓通爲最第一。我們要反聞聞自性，就是參禪。這裡是禪堂，也應該講參禪這一法。

(1) 坐禪須知

平常日用，皆在道中行，哪裡不是道場！本用不著什麼禪堂，也不是坐纔是禪的。所謂禪堂、所謂坐禪，不過爲我等末世障深慧淺的眾生而設。

坐禪要曉得善調養身心。若不善調，小則害病，大則著魔，實在可惜。禪堂的行香坐香，用意就在調身心。此外調身心的方法還多，今擇要略說。

跏趺坐時，宜順著自然正坐，不可將腰作意挺起，否則火氣上升。過後會眼屎多，口臭氣頂，不思飲食，甚或吐血。又不要縮腰垂頭，否則容易昏沈。

如覺昏沈來時，睜大眼睛，挺一挺腰，輕略移動臀部，昏沈自然消滅。

用功太過急迫，覺心中煩躁時，宜萬緣放下，功夫也放下來。休息約半寸香，漸會舒服，然後再提起用功。否則，日積月累，便會變成性躁易怒，甚或發狂著魔。

坐禪，有些受用時，境界很多，說之不了。但你不要去執著它，便礙不到你。俗所謂「見怪不怪，其怪自敗。」雖看見妖魔鬼怪來侵擾你，也不要管他，也不要害怕。就是見釋迦佛來替你摩頂授記，也不要管他，不要生歡喜。《楞嚴》所謂：「不作聖心，名善境界。若作聖解，即受群邪。」

⑵用功下手——認識賓主

用功怎樣下手呢？楞嚴會上憍陳那尊者說「客塵」二字，正是我們初心用功下手處。他說：「譬如行客，投寄旅亭，或宿或食，宿食事畢，俶裝前途，不遑安住。若實主人，自無攸往，如是思惟，不住名客，住名主人。以不住者，名爲客義。又如新霽，清暘升天，光入隙中，發明空中。諸有塵相，塵質搖動，虛空寂然，澄寂名空，搖動名塵。以搖動者，名爲塵義。」「客塵」喻妄想，「主空」喻自性。常住的主人，本不跟客人或來或往，喻常住的自性。本不隨妄想忽生忽滅，所謂但自無心於萬物，何妨萬物常圍繞，塵質自搖動，本礙不著澄寂的虛空。喻妄想自生滅，本礙不著如如不動的自性。所謂一心不生，萬法無咎。

此中「客」字較粗，「塵」字較細。初心人先認清了「主」

和「客」，自不爲妄想遷流。進步明白了「空」和「塵」，妄想自不能爲礙。所謂識得不爲冤，果能於此諦審領會，用功之道，思過半了。

(3) 話頭與疑情

古代祖師直指人心，見性成佛。如達摩祖師的安心，六祖的惟論見性，只要直下承當便了，沒有看話頭的。到後來的祖師，見人心不古，不能死心塌地，多弄機詐，每每數他人珍寶，作自己家珍。便不得不各立門庭，各出手眼，纔令學人看話頭。

話頭很多，如「萬法歸一，一歸何處？」「父母未生前，如何是我本來面目？」等等。但以念佛是誰，爲最普通。

什麼叫話頭？話就是說話，頭就是說話之前。如念「阿彌陀佛」是句話，未念之前就是話頭。所謂話頭，即是一念未生之際。一念纔生，已成話尾。這一念未生之際，叫做不生、不掉舉、不昏沈、不著靜、不落空，叫做不滅。時時刻刻，單單的的，一念迴光返照。這「不生不滅」，就叫做看話頭，或照顧話頭。

看話頭先要發疑情，疑情是看話頭的拐杖。何謂疑情？如問念佛的是誰，人人都知道是自己念。但是用口念呢？還是用心念呢？如果用口念，睡著了還有口，爲什麼不會念。如果用心念，心又是個什麼樣子？卻沒處捉摸。因此不明白，便在「誰」上發起輕微的疑念。但不要粗，愈細愈好，隨時隨地。單單照顧定這個疑念，像流水般不斷地看去，不生二念。若疑念在，不要動著他。疑念不在，再輕微提起。初用心時必定靜中比動中較得力些，但切不可生分別心，不要管他得力不得力，不要管他動中或靜中。你一心一意的用你的功好了。

「念佛是誰」四字，最著重在個「誰」字，其餘三字，不過言其大者而已。如穿衣吃飯的是誰、痾屎放尿的是誰、打無明的是誰、能知能覺的是誰，不論行住坐臥，「誰」字一舉，便有最容易發疑念，不待反覆思量卜度作意纔有。故「誰」字話頭，實在是參禪妙法。但不是將「誰」字或「念佛是誰」四字作佛號念，也不是思量卜度去找念佛的是誰，叫做疑情。有等將「念佛是誰」四字，念不停口，不如念句阿彌陀佛功德更大。有等胡思亂想，東尋西找叫做疑情。哪知愈想妄想愈多，等於欲升反墜，不可不知。

初心人所發的疑念很粗。忽斷忽續，忽熟忽生，算不得疑情，僅可叫做想。漸漸狂心收籠了，念頭也有點把得住了，纔叫做參。再漸漸功夫純熟，不疑而自疑，也不覺得坐在什麼處所，也不知道有身心世界。單單疑念現前，不間不斷，這纔叫做疑情。實際說起來，初時那算得用功，僅僅是打妄想。到這時眞疑現前，纔是眞正用功的時候。這時候是一個大關隘，很容易跑入歧路。

一、這時清清淨淨無限輕安，若稍失覺照，便陷入輕昏狀態。若有個明眼人在旁，一眼便會看出他正在這個境界。一香板打下，馬上滿天雲霧散，很多會因此悟道的。

二、這時清清淨淨，空空洞洞。若疑情沒有了，便是無記，坐枯木巖，或叫「冷水泡石頭」。到這時就要提，提即覺照。（覺即不迷，即是慧。照即不亂，即是定。）單單的的這一念，湛然寂照，如如不動，靈靈不昧，了了常知。如冷火抽煙，一線綿延不斷。用功到這地步，要具金剛眼睛，不再提，提就是頭上安頭。昔有僧問趙州老人道：「一物不將來時如何？」州曰：「放下來。」僧曰：「一物不將來，放下個什麼？」州曰：「放不下，挑起去。」就是說這時節，此中風光，如人飲水，冷暖自知，不是言說可能到。到這地步的人，自然明白。未到這地步的人，說也沒用。所謂「路逢劍客須呈劍，不是詩人不獻詩。」

(4)照顧話頭與反聞聞自性

或問：「觀音菩薩的反聞聞自性，怎見得是參禪？」我方說照顧話頭，就是教你時時刻刻單單的的，一念迴光返照。這「不生不滅」（話頭），反聞聞自性，也是教你時時刻刻單單的的一念反聞聞自性。「迴」就是反，「不生不滅」就是自性。「聞」和「照」雖順流時循聲逐色，聽不越於聲，見不超於色，分別顯然。但逆流時反觀自性，不去循聲逐色，則原是一精明，「聞」和「照」沒有兩樣。我們要知道，所謂照顧話頭、所謂反聞自性，絕對不是用眼睛來看，也不是用耳朵來聽。若用眼睛來看，或耳朵來聽，便是循聲逐色，被物所轉，叫做順流。若單單的一念在「不生不滅」中，不去循聲逐色，就叫做逆流，叫做照顧話頭，也叫做反聞自性。

三、生死心切與發長遠心

參禪最要生死心切和發長遠心。若生死不切，則疑情不發。功夫做不上，若沒有長遠心，則一曝十寒，功夫不成片。只要有個長遠切心，眞疑便發，眞疑發時，塵勞煩惱不息而自息。時節一到，自然水到渠成。

我說個親眼看見的故事，給你們聽。前清庚子年間，八國聯軍入京。我那時跟光緒帝慈禧太后們一起走，中間有一段，徒步向陝西方面跑，每日跑幾十里路，幾天沒有飯喫。路上有一個老百姓，進貢了一點番薯藤給光緒帝。他喫了還問那人是什麼東西？這麼好喫！你想皇帝平日好大的架子，多大的威風，哪曾跑過幾步路，哪曾餓過半頓肚子，哪曾喫過番薯藤。到那時架子也不擺了，威風也不逞了，路也跑得了，肚子也餓得了，菜根也喫得了。爲什麼他這樣放得下？因爲聯軍想要他的命，他一心想逃命呀！可是後來議好和，御駕回京，架子又擺起來了，威風又逞起來了，路又跑不得了，肚子餓不得了。稍不高興的東西也喫不下咽了。爲甚他那時又放不下了？因爲聯軍已不要他的命，他已沒有逃命的心了。假使他時常將逃命時的心腸來辦道，還有什麼不了，可惜沒個長遠心。遇著順境，故態復萌。

諸位同參呀！無常殺鬼，正時刻要我們的命，他永不肯同我們「議和」的呀！快發個長遠切心，來了生脫死吧！高峰妙祖說：「參禪若要剋日成功，如墮千丈井底相似。從朝至暮，從暮至朝，千思想，萬思想。單單是箇求出之心，究竟決無二念。誠能如是施功，或三日、或五日、或七日，若不徹去，高峰今日犯大妄語，永墮拔舌泥犁。」他老人家也一樣大悲心切，恐怕我們發不起長遠切心，故發這麼重誓來向我們保證。

四、用功兩種難易

用功人有兩種難易，一、初用心的難易，二、老用心的難易。

一、初用心的難易

(1)初用心難——偷心不死

初用心的通病，就是妄想習氣放不下來。無明、貢高、嫉妒、障礙、貪瞋癡愛、懶做好喫、是非人我，漲滿一大肚皮，那能與道相應！或有些是個公子哥兒出身，習氣不忘，一些委屈也受不得，半點苦頭也喫不得，哪能用功辦道！他沒有想想本師釋迦牟尼佛，是個什麼人？出家的或有些識得幾個文字，便尋章摘句，將古人的言句作解會，還自以爲了不起，生大我慢。遇著一場大病，便叫苦連天。或臘月三十到來，便手忙腳亂。生平知解，一點用不著，纔悔之不及。

有點道心的人，又摸不著一個下手處。或有害怕妄想，除又除不了，終日煩煩惱惱，自怨業障深重，因此退失道心。或有要和妄想拚命，憤憤然提拳鼓氣，挺胸睜眼，像煞有介事，要與妄想決一死戰。那知妄想卻拚不了，倒弄得吐血發狂。或有怕落空，那知早已生出「鬼」。空也空不掉，悟又悟不來。或有將心求悟，那知求悟道、想成佛，都是個大妄想。砂非飯本，求到驢年也決定不得悟。或有碰到一兩枝靜香的，便生歡喜。那僅是盲眼烏龜鑽木孔，偶然碰著，不是實在功夫，歡喜魔早已附心了。或有靜中覺得清清淨淨很好過，動中又不行，因此避喧向寂，早做了動靜兩魔王的眷屬。

諸如此類很多很多。初用功摸不到路頭實在難，有覺無照，則散亂不能「落堂」。有照無覺，又坐在死水裡浸殺。

(2)初用心的易——放下來單提一念

用功雖說難，但摸到頭路又很易。什麼是初用心的易呢？沒有什麼巧，放下來便是，放下個什麼，便是放下一切無明煩惱。怎樣纔可放下呢？我們也送過往生的，你試罵那死屍幾句他也不動氣，打他幾棒，他也不還手。平日好打無明的也不打了，平日好名好利的也不要了，平日諸多習染的也沒有了，什麼也不分別了，什麼也放下了。諸位同參呀！我們這個軀殼子，一口氣不來，就是一具死屍，我們所以放不下。祇因將它看重，方生出人我是非，愛憎取捨。若認定這個軀殼子是具死屍，不去寶貴它，根本不把牠看作是我，還有什麼放不下！祇要放得下，二六時中，不論行住坐臥，動靜閒忙，通身內外只是一個疑念。平平和和不斷的疑下去，不雜絲毫異念。一句話頭，如倚天長劍，魔來魔斬，佛來佛斬，不怕什麼妄想，有什麼打得你閒岔？哪個去分動分靜？哪個去著有著空？如果怕妄想，又加一重妄想。覺清淨，早已不是清淨。怕落空，已經墮在有中。想成佛，早已入了魔道。所謂運水搬柴，無非妙道。鋤田種地，總是禪機。不是一天盤起腿子打坐，纔算用功辦道的。

二、老用心的難易

(1)老用心的難—百尺竿頭不能進步

什麼是老用心的難呢？老用心用到眞疑現前的時候，有覺有照，仍屬生死。無覺無照，又落空亡。到這境地實在難，很多到此灑不脫，立在百尺竿頭，沒法進步的。有等因爲到了這境地，定中發點慧。領略古人幾則公案，便放下疑情，自以爲大徹大悟，吟詩作偈，瞬目揚眉，稱善知識，殊不知已爲魔眷。又有等錯會了達摩老人的「外息諸緣，內心無喘，心如牆壁，可以入道」，和六祖的「不思善，不思惡，正與麼時那個是明上座本來面目」的意義，便以坐在枯木巖爲極則。這種人以化城爲寶所，認異地作家鄉，婆子燒庵，就是罵此等死漢。

⑵老用心的易——綿密做去

什麼是老用心的易呢？到這時只要不自滿，不中輟，綿綿密密做去。綿密中更綿密，微細中更微細。時節一到，桶底自然打脫。如或不然，找善知識抽釘拔楔去。

寒山大士頌云：「高高山頂上，四顧極無邊。靜坐無人識，孤月照寒泉。泉中且無月，月是在青天。吟此一曲歌，歌中不是禪。」首二句，就是說獨露眞常，不屬一切。盡大地光皎皎地，無絲毫障礙。次四句，是說眞如妙體，凡夫固不能識，三世諸佛也找不到我的處所，故曰無人識。孤月照寒泉三句，是他老人家方便譬如這個境界。最後兩句，怕人認指作月，故特別提醒我們。凡此言說，都不是禪呀。

結論

就是我方纔說了一大堆，也是扯葛藤、打閒岔。凡有言說，都無實義。古德接人，非棒則喝，哪有這樣囉嗦。不過今非昔比，不得不強作標月之指。諸位同參呀！究竟指是誰？月是誰？參。

參禪警語

心即是佛，佛即是覺。此一覺性，生佛平等，無有差別。空寂而了無一物，不受一法，無可修證。靈明而具足萬德，妙用恆沙，不假修證。只因眾生迷淪生死，經歷長劫，貪瞋癡愛，妄想執著，染污已深，不得已而說修說證。所謂修者，古人謂為不祥之物，不得已而用焉。

此次打七，已經三個半七，還有三個半七。下三個半七，身心較為純熟，用功當比前容易。諸位不可錯過因緣，務要在下三個半七內，弄個水落石出，發明心地，纔不孤負這個難得的機緣。

這二十多天來，諸位一天到晚，起早睡遲，努力用功，結果出不了四種境界。一者、路頭還有搞不清的，話頭看不上，糊糊塗塗，隨眾打盹。不是妄想紛飛，就是昏沈搖擺。二者、話頭看得上，有了點把握，但是死死握著一片敲門瓦子，念著「念佛是誰」這個話頭，成了念話頭。以爲如此可以起疑情，得開悟。殊不知這是在話尾上用心，乃是生滅法，終不能到一念無生之地。暫用尚可，若執以爲究竟實法，何有悟道之期。晚近禪宗之所以不出人了，多緣誤於在話尾上用心。三者、有的會看話頭，能照顧現前一念無生，或知念佛是心。即從此一念起處，驀直看到無念心相。逐漸過了寂靜，粗妄既息，得到輕安，就有了種種境界出現。有的不知身子坐在何處了，有的覺得身子輕飄飄的上騰了，有的見到可愛的人物而生歡喜心的，有的見到可怕的境界而生恐怖心的，有的起淫慾心的，種種不一。要知這都是魔，著即成病。四者、有的業障較輕的，理路明白，用功恰當，已走上了正軌的，清清爽爽。妄想若歇，身心自在，沒有什麼境界。到此地步，正好振起精神，用功向前，惟須注意枯木巖前岔路多。有的是在此昏沈而停住了，有的是得了點慧解，作詩作文，自以爲足，起貢高我慢。

以上四種境界都是病，我今與你們以對治之藥。第一如話頭未看上，妄想昏沈多的人，你還是看「念佛是誰」這個誰字。待看到妄想昏沈少，「誰」字不能忘了時，就看這一念起處。待一念不起時，即是無生，能看到一念無生，是名眞看話頭。第二關於執著「念佛是誰」，在話尾上用心，以生滅法爲是的人，也可照上述的意思，即向念起處看到一念無生去。第三關於觀無念已得寂靜輕安而遇到任何境界的人，你只照顧本參話頭，一念不生。佛來佛斬，魔來魔斬，一概不理他，自然無事，不落群邪。第四關於妄念已歇，清清爽爽、身心自在的人，應如古人所說：「萬法歸一，一歸何處？」由一向至極處邁進，直至高高山頂立。深深海底行，再撒手縱橫去。

以上所說，都是對末法時期的鈍根人說的方法。其實宗門上上一乘，本師釋迦牟尼佛在靈山會上拈花之旨。教外別傳。歷代祖師。惟傳一心。直指人心。見性成佛，不落階級，不假修證。一言半句即了，無一法可得，無一法可修。當下就是，不起妄緣，即如如佛，哪裡有許多閒話呢？

修與不修

講修行，講不修行，都是一句空話。你我透徹了自己這一段心光，當下了無其事，還說什麼修與不修！試看本師釋迦牟尼佛的表顯，出家訪道，苦行六年證道，夜睹明星，歎曰：「奇哉奇哉！大地眾生皆有如來智慧德相，祇因妄想執著，不能證得。若離妄想，則清淨智、自然智、無師智，自然現前。」以後說法四十九年，而曰：「未說著一字。」自後歷代祖師，一脈相承，皆認定「心佛眾生，三無差別。」「直指人心，見性成佛。」橫說豎說，或棒或喝，都是斷除學者的妄想分別，要他直下「識自本心，見自本性。」不假一點方便葛藤，說修說證，佛祖的意旨，我們也就皎然明白了。

你我現前這一念心，本來清淨，本自具足，周徧圓滿，妙用恆沙，與三世諸佛無異。但不思量善惡，與麼去，就可立地成佛，坐致天下太平。如此有甚麼行可修？講修行豈不是句空話嗎？但你我現前這一念心，向外馳求，妄想執著，不能脫離。自無始以來，輪轉生死，無明煩惱，愈染愈厚。初不知自心是佛，即知了，亦不肯承當，作不得主，沒有壯士斷腕的勇氣，長在妄想執著中過日子。上焉者，終日作模作樣，求禪求道，不能離於有心。下焉者，貪瞋癡愛，牢不可破，背道而馳。這兩種人，生死輪轉，沒有已時。講不修行，豈不又是空話！

所以大丈夫直截了當，深知古往今來，事事物物，都是夢幻泡影，無有自性，人法頓空，萬緣俱息。一念萬年，直至無生。旁人看他穿衣喫飯，行住坐臥，一如常人。殊不知他安坐自己清淨太平家裡，享受無盡藏寶，無心無爲，自由自在，動靜如如。冷暖祇他自己知道，不惟三界六道的人天神鬼窺他不破，就是諸佛菩薩也奈他不何。這樣還說個甚麼修行與不修行呢？其次的人，就要發起志向，痛念生死，發慚愧心，起精進行，訪道力參。常求善知識，指示途徑，勘辨邪正。「如切如磋，如琢如磨。」「江漢以濯之，秋陽以曝之。」漸臻於精純皎潔，這就不能說不修行了。

上來說的不免遷上就下，仍屬一些葛藤。明眼人看來，要認爲「拖泥帶水」。然祖庭秋晚，去聖日遙，爲應群機，不得已而如此囉嗦。究實論之，講修行，講不修行，確是空話。直下無事，本無一物。哪容開口？菩薩呀！會嗎？

師公老和尚的開示

民國三十六年冬禪七中，我上方丈請開示。

師公問我：你用什麼功大？

我說：亦念佛，亦參禪，禪淨雙修。

問：你既念佛如何能參禪呢？

我說：我念佛時，意中含有是誰念佛的疑情，雖在念佛亦即是參禪也。

問：有妄想也無？

答：正念提起時，妄念亦常常在後面跟著發生。正念放下時，妄念也無，清淨自在。

師公說：此清淨自在，是懶惰懈怠，冷水泡石頭，修上一千年都是空過。必定要提起正念，勇猛參究，看出念佛的究竟是誰，纔能破參。你須精進的用功纔是。

問：聞說師公在終南山入定十八天，是有心入呢？無心入呢？

答：有心入定，必不能定。無心入定，如泥木偶像。制心一處，無事不辦。

問：我要學師公入定，請師公傳授。

答：非看話頭不可。

問：如何叫話頭呢？

答：「話」即是妄想，自己與自己說話，在妄想未起處，觀照著，看如何是本來面目，名看話頭。妄想已起之時，仍舊提起正念，則邪念自滅。若隨著妄想轉，打坐無益。若提起正念，正念不懇切，話頭無力，妄念必起。故用功夫須勇猛精進，如喪考妣。古德云：「學道猶如守禁城，緊把城頭守一場。不受一翻寒徹骨，怎得梅花撲鼻香。」（這幾句話每次打七師公都要說的）若無妄想，亦無話頭，空心靜坐，冷水泡石頭，坐到無量劫亦無益處。參禪不參則已，既決心參，就要勇猛精進。如一人與萬人敵，直前毋退，放鬆不得。念佛亦是如此、持咒亦是如此，生死心切，一天緊似一天，功夫便有進步。

（靈源）

佛七將終開示

摘自虛老所輯《垂語大體略要》

蓋念佛一法，具足六波羅蜜。昔世尊住世四十九年說法，皆因時而化。對機而教，亦不離六種波羅蜜門。故而見貪心眾生，教之以布施。見惡心眾生，教之以持戒。見瞋心眾生者，教之忍辱。見懈怠眾生，教之精進。見亂心眾生，教之以禪定。見癡心眾生，教之以般若。所以布施度慳貪，持戒度邪惡，忍辱度瞋恚，精進度懈怠，禪定度散亂，般若度愚癡，此乃六度對治法門之義也。

今單念此一句阿彌陀佛，即能包藏此六種波羅蜜門。何也？念佛之人一心念佛，萬緣放下，取捨兩忘，是布施波羅蜜。一心念佛，諸惡消滅，萬善從生，即是持戒波羅蜜。一心念佛，自心柔軟，瞋恚不起，即是忍辱波羅蜜。一心念佛，不休不息，永不退轉，即是精進波羅蜜。一心念佛，無諸亂想，流念散盡，即是禪定波羅蜜。一心念佛，正念分明，不受邪惑，即是般若波羅蜜。今時有人不識念佛功能，反視爲淺近法門者，卻是錯會不少，自陷陷人，一句佛不念，單單參個「誰」字話頭。殊不知念佛法門，興於禪宗之前。因時人但知口念，不識其心，故教以念佛帶參禪。

夫用心之人，貴在參究、追尋、問討。若是上根利智之士，便能直下承當。倘或鈍根漸次之人，必須先要念佛。待念到不念而念，念而不念，再向無念之中起一參究。且看這個「念佛是誰」。要看「誰」字話頭者。先當以念佛爲緣起，後以參禪爲究竟。緣念佛而參禪，是故名曰禪淨並修。

古人曾有譬喻云：念佛之人，如母子相憶，自然相近親。

母喻所念佛，子喻能念人。能念之人，即有情身心。所念之佛，即是自性彌陀。自性彌陀並有情身心，不隔絲毫。能念之人與所念之佛，無二無別，須要長久用心，精練純熟，打成一片。或口念、或心念、或有念、或無念，念至念念相續，無有間斷，向這裡參究。若能得個入處，通一消息，始知禪淨不二，庶幾念佛有益，方不負一七辛苦。即今佛七將終，諸位還有得入處，通消息者麼？如其有者，須要自己承認得當。其或未然，還要認眞念佛！

開示語錄

民國三十三年五月二十二日至八月二十三日期間開示語錄

二十二日，師開示云：「修道不難，但能放下萬緣，人法雙絕，四相皆空，平平實實做去即得。」並舉某僧行相為例，其人耳聾，目不識丁，貌極苦惱，由師度脫者。

二十三日，師開示謂有道無道，明眼人一看便知。並舉某某評某邑令、某僧，及評某長老之骨為證。

二十四日。師召寺中四眾訓話，略謂「時局日益緊急，生死自有命定，躲脫不是禍，是禍躲不脫，大家毋庸惶懼憂慮，可安心在此，勇猛辦道。茲有數事告示大眾，望深信而篤行之。一者從今晚起，每日早午齋後及晚香時，齊在祖殿同念觀世音菩薩一枝香，一日三次，普爲大地眾生消弭劫難。二者重要行李收藏起來，寄居男女居士皆裝成僧尼模樣。三者敵人或匪或盜，萬一來此，大家照常安居，毋庸驚恐，和平相待，勿與計較。彼若要東西或糧食，任其拿去，不必與爭。」大家聽已，皆靜心安居。

自廿八夕起，全寺僧俗在祖殿齊念觀世音菩薩，至三十日，師開示凡三次。第一次講說舉行念觀音祈求息災救民緣起，及觀音菩薩本迹與靈感，大略根據《楞嚴經》。第二次說觀音靈感事迹，第三次說念觀音之方法。一、至誠利眾，二、心口相應，三、反聞念性。

六月十一日。師開示云：「參禪下手功夫，就是諸方常說的看『念佛是誰』這個話頭。萬緣放下死心踏地，晝夜六時，行住坐臥，起居飲食，屙屎撒尿，搬材運水，迎賓待客，總不離開這個話頭。怎麼看法呢？先念佛數聲，看此念佛的究竟是誰？若說是口念，我死了口還在，何以不能念呢？若說是心念的，這個心是不是我這肉團心呢？若說是我這肉團心，則我死了這肉團心還在，何以不能念呢？故知念佛的不是肉團心。既然都不是，這念佛的究竟是誰呢？如是就起了疑情。疑情一起，那麼別的妄念就自然沒有了。這樣還是粗想，這是使萬念歸於一念。到了萬念歸於一念，只有一個疑情，再無別的雜念時，就是用功得力之時了。於是努力向上參去，看此念佛的究竟是誰？一旦萬念頓絕，瓜熟蒂落，豁然開悟，打破疑情，見了自己本來面目，如人飲水冷暖自知。這就是細參，也是參禪的下手功夫。大家相信此一法是了生脫死、成佛作祖的路頭，就要打起精神眞參實悟，不要虛度光陰呀！」

七月二日。師開示云：「傅大士曰：『有物先天地，無形本寂寥，能爲萬象主，不逐四時凋。』此物即諸法實相，一切含生所同具。在凡不減，在聖不增。所謂心佛眾生，三無差別。眾生若能放下識情，顯了眞性，即是見性成佛。上根利器之人，一聞即悟，即悟即證，不假修爲。說修行都是不得已也。」

三日。大眾急念觀音後，師開示云：「敵人之不退，國難之不消，固由眾業所感，亦由吾人平日缺乏道德，臨事不夠誠心。大家須力行懺悔，具足誠心。」

五日。師開示云：「佛菩薩豈要人念？只緣眾生障重，佛菩薩指示種種法門，念佛菩薩聖號，不過令眾生澄清妄念，徹見本來耳。所謂清珠投於濁水，濁水不得不清。佛號投於妄心，妄心不得不淨。蓋人如果以一菩薩之聖號，都攝六根，淨念相繼，則當下自與佛菩薩無異。」

六日。師開示心即是佛，放下一切，立地成佛，平常心是道。要能直下承當，及善於保養道體等等圓頓道理。

七日。師開示云：「修行須放下一切，方能入道，否則徒勞無益。要知眾生本妙明心，原與諸佛無異，只因無始以來爲妄想塵勞百般纏繞，不能顯現。所以沈淪苦海，流浪生死，不能出離，諸佛憫之。不得已開示種種修行法門，無非令眾生解脫。所謂放下一切，是放下甚麼呢？內六根、外六塵、中六識，這一十八界都要放下。其他名利、恩愛、毀譽、得失，乃至一切財物、性命都要放下。總之，身心世界都要放下，因爲這些都是如夢如幻、如電如泡，無可留戀，執之即成障道因緣。故統要放下，連此放下之念亦無。一放下一切放下，一時放下，永久放下，盡未來際都放下。如此放下乾淨了，長永了。本妙明心顯現，即與諸佛無異。」說畢，並舉例以證明之。

八日。師開示云：「若明白了如來大意，則只要保養，隨時隨處，無不是道。若不明白如來大意，則是懵懵修行，隨時隨處皆有墮坑落塹之虞。」並舉鹿足仙人恨天致旱及飲酒貪色犯戒公案爲證。

九日。師開示修行必須無我，以此身心奉塵剎，並舉持地菩薩及修滇緬路高山上之某菩薩爲例。

十日。師開示云：「古人曰，修行有三不足，不足食，不足衣，不足睡。不足食，取止饑不宜過飽，更不能求美味。衣取禦寒，宜服糞掃衣，更不能貪求美備。睡取調倦，不宜久睡。蓋久眠長愚癡，多衣增掛慮，過飽不便用功。」

十一日。師開示云：「修行須別眞僞邪正。不然差之毫釐，失之千里。不唯徒勞無益，且錯因果。昔常有人做到坐脫立亡地步，或金骨子成堆，猶被正眼人目爲邪魔外道。何況不明如來宗趣、盲修瞎練、背道而馳者乎？所以古人修行必依止善知識，有所發明必經大善知識印可，方爲正道。」

十二日。師開示云：「古人曰，修行容易，習氣難除。習氣不除總是閑，吾人修行究竟所爲何事？原不過爲出離生死，但習氣是吾人羈絆。若習氣毛病未除得盡，生死必然難逃。即如圓澤禪師那樣用功，仍不免落入胞胎。今人習氣毛病，毫不打算掃除，哪裡有了生脫死之分呢？」

十三日。師開示大眾：「要注意僧儀。上殿合掌當胸，五指並攏，兩掌心貼攏，中間不可離開。此爲轉十惡爲十善之義。二足成八字形，身體正直，眼觀鼻，鼻觀心，兩眼不得張大，不得左顧右盼。此等僧儀很是重要，且爲除習氣之重要事件。」

十五日。師開示云：「世間不明佛法之人，往往以善因而招惡果，如各地乩壇常假託佛祖語言勸世，但其中常有顚倒本末，錯誤因果，致成妄語欺人或謗佛謗法者，深可懼也。」

十六日。師開示云：「吾人念觀音聖號久，而國難民災不能消除；一由眾生定業所感，難以移易；一由吾人心未至誠統一，效力不大。望大家從此要至誠懇切，並念念觀自在。」

十七日。師開示云：「眞心爲無價之寶，賢愚凡聖，天堂地獄，穢土淨土，皆由他造作。佛祖教人顯了眞心，證自性佛，人能將種種習氣斷盡，則眞心自顯，自佛即證。」

二十三日。師開示云：「從釋迦佛應世起，正法千年，像法千年，像法後爲末法一萬年。正法時期，聞法悟道者遍處皆是。像法時期，聞法悟道者亦有所在。而今末法時期，人根陋劣，心術澆薄。莫說眾人，即出家僧人，亦是有名無實，並且不知出家爲何事。根本談不到修行，證道者更無一聞矣！佛法至此，那得不衰，眞堪痛哭。」

二十五日。師開示云：「諸人望我開示，其實佛菩薩及祖師對諸人時時在開示也。每日殿堂課誦各種咒願及鐘鼓磬鎚等，無一非佛菩薩祖師至金至貴之語聲。諸人若能耳聞、口誦、心惟、行篤，成佛有餘，豈待多說！說若不行，說亦無益。」

二十六日。師開示云：「妄念人人皆有。然妄念起時，我自知之。知而不隨，是謂不相續。不相續則我不爲妄轉，縱有妄念起滅，亦不過如浮雲之點太虛，而太虛固不變也。佛說一切法皆爲對治妄念，妄念若無，則法不必用。然凡夫流浪生死，無始劫來習染已深。若不假佛法修治，則生死無由解脫。但習哪一法就要盡此一生習去，不可朝三暮四，徒費心力。」又曰：「今生能做和尚，皆是過去培有善根，否則必不得出家做和尚也。和尚不是窮苦人做的，若是窮苦人做的，何以乞丐不做和尚！和尚不是富貴人做的，若是富貴人做的，何以未見富貴人去做和尚？有的居士於富貴功名也能放下，也能吃長素，也能打坐，也能禮佛誦經，對佛法也能懂能講，但要他做和尚則不肯也。足見做和尚不容易，哪怕就是一個苦惱和尚，都有他前生的栽培。不過，既已做了和尚就不可虛過，到寶山空手而回。」

二十七日。師開示云：「古人說，人壽不滿百，常懷千歲憂。貪名貪利，終身忙碌。爲己爲子孫，一到臘月三十大限到來，總是一場空。轉過身來，得人身者少，墮三塗者多。故吾人今日披得袈裟，實由前生栽培。即當猛省努力，不可輕易放過，必於此生了脫生死，以除永久爾後重苦。否則袈裟下一失人身，則過去之栽培，今生之勞苦皆成白費。豈不惜哉！」又曰：「了則業障本來空，未了還須償宿債。梁武帝前身爲樵夫，以取笠爲佛像遮雨。又以鮮花供佛，遂感得做皇帝之報。惟以逼死一猴，致遭侯景之叛而死。雖有菩薩化身如志公等擁護之，亦不能解其定業。雖然罪福唯心所造，了則本來空。故修行人不可不求了脫也。」

二十九日。師開示云：「修行必須識得心。古人云，若人識得心，大地無寸土。要知爲聖爲凡，成佛做衆生，皆是此心。此心不明，修行無益。此心向何處找尋？但能放下萬緣，善惡都莫思，一念不生，即眞心現前。此心一時現前，時時現前，永遠現前。不爲塵勞污染，即我是現成之佛。」

三十一日。師開示「心即是佛，放下即成」之理，至圓至妙。並舉飛鉢禪師神通妙用，不可思議。

八月一日。師開示謂，說法者必因有聽法受法者而說。若機不相應則不說，說亦無益也。

二日。師開示云：「三界不安，猶如火宅。了生脫死，實爲重要。非大加懺悔，勇猛精進，刻骨銘心，不容易得到了脫。」並廣引前生出家苦修，來生得福招墮者爲證。聞者悚然。

三日。師開示云：「十法界唯心所造，四聖六凡皆是自作自受。大修行人惟願成就阿耨多羅三藐三菩提，餘皆不取也。」又詳述三界六道輪迴事理，苦樂升降因果。

七日。是日爲舊曆六月十九日。師開示云：「觀音菩薩於長劫前業已成佛。現在二月十九日、六月十九日、九月十九日是誕辰、成道、涅槃等日，乃出自《香山記》，蓋觀音化身也。」

十日。師開示云：「凡情不盡，習氣不除，終不能成佛。命根未斷，妄念仍起，生死眞不得了。故修行非用實在功夫，將凡情習氣及命根徹底掀翻不成。」並舉釋迦佛往劫及因中種種苦行爲例。

十二日。師示眾，痛論生死事大，無常迅速。一失人身，萬劫難復。此身不向今生度，更向何生度此身之旨。言之痛切，聞者悚然。

十四日。師示眾：「說一切皆空，理甚明白。世人不悟，迷惑顛倒，眞可憐憫。」

十六日。師開示云：「學佛一法，亦易亦難。從言教上解悟，此理甚爲容易。所謂言下頓悟，如用功得當，即親見自己本來面目，亦不爲難。但要得到眞實受用，不爲一切境界所轉，隨時隨地自己做得主張，能夠解脫自在，造次顚沛都能如是。那就非年久月深，無明煩惱斷盡，習氣毛病掃清不可。由事上磨煉，確實證悟，此則爲難也。又斷無明煩惱，除習氣毛病。莫若嚴持戒律，戒律清淨，無明煩惱、習氣毛病自除。若不持戒律，縱修習有成，亦是天魔外道。」

十七日。師開示云：「參學者有三要。一者要有好眼目，能辨邪正。二者要有好耳，能分清濁。三者要有大肚，能包容一切。具此三要，參學者方能得實益。否則自己無主，爲他所轉，未有不上當者。」又謂：「《心燈錄序》記夢事，及全書皆只言此『我』，不妥。」

十九日。師開示云：「心佛眾生，三無差別。吾人本來是佛，何以佛有無量智慧、無量神通、無量光明，而吾人無之？良由吾人自己不信自己，把自己作賤。所以開的眾生知見，無明煩惱、貪瞋癡愛、貢高我慢、欺誑嫉妒，種種迷愚，將自佛蓋覆，不得現成。因此，佛制戒律就是要佛弟子遵守，藉此除卻一切習氣毛病。習氣毛病一除，佛性現前，自然成佛。」

二十二日。師開示「放下十八界、獨頭一眞如」之理事，至爲詳晰。是日，中和於散香後，至方丈頂禮，陳述四根本大願。一者消滅無量劫罪孽，二者證徧法界三身，三者嚴淨十方世界，四者普度一切眾生。四此生志願—建設新寧遠，建設新湖南，建設新中國，建立新世界。師對於根本四願贊成，對於此生志願，謂做不到。並說明人心複雜，眾生難調，及自古以來興敗成亡，以善因而招惡果種種情形。意欲中和速了生死，急求出離三界，果有願再來不遲。

（蔣中和筆記、蔡日新整理）

【整理後記】

虛老和尚是近代不可多得的高僧。他老人家的道範久傳緇素，湖南寧遠蔣中和居士之所記，僅是民國三十三年五月廿二日至八月廿三日一夏。即可令人久讀不厭，如同親承虛老法炙。然因當時環境等因素，老人法語為後人記錄下來的較少。故今所輯之虛老開示法語，不免有疏略之處。為此，謹將寧遠蔣中和居士所記虛老的這篇法語補充進來，以供虛老研究者一新材料。在整理中，嚴格依原筆記之格式體例。個別地方需要說明，則略插夾註。

甚麼是佛

印度國「佛陀」二字，譯即「覺者」。覺的意義包含有三點，第一是自覺，第二是覺他，第三是覺行圓滿。自覺即自己覺悟，自己瞭解善、惡、苦、樂，概由因果演化而來。如果能夠自己明明白白，徹悟這些道理，便能了卻四相，即成覺者。覺他，即一切宇宙萬有之生物。無論是胎卵濕化、蜎飛蠕動，皆有佛性，只因迷而不覺，故曰眾生。我們應該自重自愛，本著我佛慈悲普度的宏旨，把自己所知道的道理，去轉教他人，去拯拔這苦海沈迷的眾生。我們如果體會《楞嚴經》所說，一切男人作是我父想，一切女人作是我母想。自然對人深心敬愛，尤其對一般鰥寡孤獨無靠之人，更能加以尊敬憐愛的情意。布施濟恤而使覺之，這樣才能達到眞平等眞大同的目的。覺行圓滿者。即依佛法戒律而行，以至功德圓滿。佛滅度後遺留下的經、律、論三藏，皆是我們的寶筏。所有一切規戒，都應切實奉行。行至充量完成的時候，那便叫做覺行圓滿。所以佛是覺者，眾生是迷者。迷與覺即是眾生與佛所由區別的界限。背迷入覺，背妄歸眞。這即是覺，也即是佛。

（一九四七年於揭陽第一中學講演詞林雨農、周百齡記）

佛法是家常便飯

大眾！今日人們聞著「佛法」兩字，腦中便起奇特和神秘的幻想，至少亦以為是很深邃難解的一回事。其實諸佛的道法，皆是眾生本分上的東西，就是三身四智、五眼六通，亦是眾生本來具足，並非從外邊跑進來的，亦非諸佛祖師替我們加得微塵許的。大眾只須遵守佛門的戒律，著實行持，「諸惡莫作，眾善奉行。」久而久之，惡染漸漸蠲除，身口意習氣漸漸清淨。智慧光明，不勉而中，不思而得。無師智、自然智，皆能通利。所以《楞嚴經》說：「因戒生定，因定發慧。」戒、定、慧，名三無漏學。無漏者，謂這三種學問不使煩惱滲入，不漏落六道輪迴。大眾能體會斯意，三學等持，或時觸著碰著，頓見自家本來面目。原來與諸佛祖師一樣，都是鼻直眼橫，別無奇特。

一冊《佛遺教經》，不夠兩千字，公開流通，別無神秘。五戒十善，人人可曉，人人可行，別無深邃難解地方。看來佛法簡直是家常便飯。所以釋迦牟尼在雪山苦行六年，於夜見明星時，忽然覺悟，便道：「奇哉奇哉！一切眾生皆有如來智慧德相，但以妄想執著不能證得。」這是釋迦示現成正覺時的眞語實語。大眾！迷爲眾生，覺即是佛。心佛眾生，三無差別。眾生在迷，妄想不停，如江流洶湧，動蕩渾濁。水的本明不能映照。倘若息卻妄想，心如澄潭止水，明淨如鏡。那麼日月星辰、人物好醜，皆能鑒照。眾生在迷，執著四相，執著我法。像穿袍衣入荊棘稠林，隨處鈎牽不能走動。倘能將這執著成見，以智慧力，照破人、我、眾生、壽者。任運隨緣，不起愛憎，不落分別，歷歷孤明，如如不動。如天馬行空，自由自在，所欲從心。一切妙用神通，亦是家常便飯。

大眾！總要信得及，心佛眾生三無差別，實無奇特。要先持戒修行，踏實地步，立穩腳跟，自然入妙。若說一念頓超，上齊諸佛，不假修持。這話是爲最上根人而說。老朽懵懂一生，豈不能嘴漉漉的胡哼高調？可是陽春白雪，起而和者能有幾人？老朽今天不是牽高就矮，若是個漢，也許會得由戒生定，由定發慧，三學等持。說有次第，即非次第，是名次第。漸修頓證，一道齊平。珍重！

（一九四七年於南華寺上堂法語一還居士記）

如何參話頭

（參禪）下手的工夫屢有變遷，唐宋以前的禪德多是由一言半句就徹悟了道，師徒授受不過以心印心，並沒有甚麼實法不實法。平日的參問酬答也不過隨方解縛，就病與醫而已。

宋代以後的人們根器就陋劣了，雖講了很多，一點也做不到。要他放下一切，善惡莫思，但他一點也放不下，不思善就思惡。到那時，佛祖親臨亦無法可施，實不得已。採取以毒攻毒的方法，教人看話頭，甚至要咬定個死話頭，咬得緊緊的，一剎那間都不要放鬆它，才是得力處。又如老鼠啃棺材，啃定一處，啃不穿則不止。一但啃穿了就有吃，即是制心一處，以一念抵制萬念。以萬念的力量集中一處，總成一念，來參這個「是誰」。或專參拖這死屍來行的是誰，或參坐的臥的是誰，或專參父母未生前誰是我的本來面目，或參念佛是誰，或參拜佛的、持咒的、誦經的、穿衣的、吃飯的、起妄想的、動念頭的、講話的、歡喜的、靜的、動的、笑的是誰。或專參本心是誰，或專參自性是誰？

總而言之，行住坐臥，一切時一切處，時時處處都要看住他。看他到底是誰？究竟是誰？要參穿他，要抓住他，這才是大丈夫看公案。乃至看屙屎、放尿的是誰？把他看到底。看他究竟是誰？是佛？是魔？是心？是眾生？以我不動的話頭如金剛王寶劍，佛來斬佛，魔來斬魔，心來斬心，眾生來斬眾生。即是要綿綿密密的參去，惺惺寂寂的看住。看他到底是誰？是我？不是我？「我」字是這個的代名詞，實非眞我。連眞我的念頭尚不可得，然則究竟是誰咧？要有這樣的疑情才有進步。要通身都發疑情，才算是眞參實學的功夫。

發眞疑情方有辦法。一到機緣成熟時，看清了，參透了。

忽然惺惺寂寂的化境現前，即是頓寂寂底。駭悟大徹，即是悟寂的化境，哈哈大笑而已。如人飲水冷暖自知，不許人知。到那時天人盡忙煞了，天龍八部互相報曰：「人間某比丘今日成道，都去散花供養麼？求說妙法！」這樣一來，已打破了本來的面目，已得了深深的見處。未破本參的禪德有這樣的徹悟，是破本參的見處。破了本參的人有這樣的徹悟，是透重關的見處。透了重關的人有這樣的徹悟，是出生死牢關的見處。出了生死牢關的人有這樣的徹悟，是蹋祖關的見處。乃至是八相成道、入般涅槃的大見處，這樣的見處也不難、也不易。只要功夫純熟，大相應、大得力，就能做到。

你們想要功夫大相應，先在跑香的時候返觀觀自心。自心本淨，返聞聞自性，自性本空。明明瀝瀝參到底，集中審問。到底是誰？究竟是誰？大發疑情了，再登座參。更要深深審問，直到五蘊皆空了，身心俱寂了，了無一法可得，直見自性本體，這才是大好相應、大得力處。從此已後，晝夜六時行住坐臥，身心穩寂，寂寂惺惺。寂參惺悟，日久月深菩提穩固。一旦大徹大悟，生死如幻了矣。到那時才知道實無一關可過，塵勞佛事，幻化法門。上無佛道可成，下無眾生可度。無修、無證、無作、無為。任他安名立號，喚佛喚魔，皆與本分上毫無交涉。到那時徹底明白老僧不騙你們。講的是假，悟的是真。除去真假兩頭。大家參看！

（一九四七年開示於南華寺惠光法師記）

南華禪七開示三則

開示一

若論個事，本自圓成，在聖不增，在凡不減。如來輪迴六道，道道皆圓。觀音流轉十類，類類無殊。既然如是，求個甚麼？覓他何來？祖云：「才有是非，紛然失心。未掛船舷，正好吃棒。」可憐啦！自家寶藏不開，卻來廁房擔草。這都是一念無明，狂心不死。所以捧頭覓頭，擔薪覓薪。大德們！何苦來？既不愛惜草鞋錢，我自不怕弄惡口（振威一聲）：釋迦老子來也。參！

開示二

古云，舉一不得舉二，放下一著，早已十萬八千。諸禪德既不嫌多，老衲也給你一個痛快。當佛在世，有一外道，兩手持花奉佛。佛見其來，即云：「放下。」外道聞聲，即將持花左手放下。佛再言曰：「放下。」外道聞聲，復將持花右手放下。佛復言曰：「放下。」外道聞聲，詫而問曰：「我兩手奉花供佛，今已遵佛旨次第放下。奉花已盡，佛再飭放下，其旨云何？」佛憫而謂曰：「我非囑爾放下手中花，係囑爾外捨六塵，中捨六根，內捨六識，名曰放下。」外道聞言，作禮而去。禪德們！我此法會，有麼有麼？有則鵬鳥沖天，無則蛟龍潛海。參！

開示三

禪德們，古人有言，恰恰用心時，恰恰無心用。無心恰恰用，當用恰恰無。如不到此地步，怎知他終日吃飯未曾嚼著一粒米？終日行路未曾踏著一寸地？這個若不知道，又從何處去發現、實悟眞參？過去大慧宗杲禪師，作首座於圓悟座下。因參「樹倒藤枯」一句，三年開口不得。一日與圓悟祖師陪客午齋，杲師舉箸拾菜入口，一時竟忘取箸，神情不露，癡態可掬。圓祖見而謂曰：「這漢參黃楊木禪。」杲師聞而對曰：「此事恰似狗舐熱油鐺，雖然下不得嘴，卻是捨之不得。」圓祖聞曰：「你喻得極好。」

禪德們！你們想想杲師那時之「參」，與你們現在的「參」，有別無別？如無別，則處處是樹倒藤枯，相隨來也。若有別，則時時是相隨來也，而樹倒藤枯。（拍板一下，云）：不經一番寒徹骨，怎得梅花撲鼻香。參！

（一九四八年冬淨慧法師記）

答禪宗與淨土

關於永明壽祖《禪淨四料簡》的開示

因客問：參禪不及念佛！永明壽禪師云：「有禪無淨土，十人九蹉路。」如五祖戒禪師後身爲蘇子瞻，乃至雁蕩僧爲秦氏子檜云云。

答曰：《楞嚴經》文殊菩薩選圓通而說偈曰：「歸元性無二，方便有多門。聖性無不通，順逆皆方便。」又從多門中，肯定耳根圓通說：「此方眞教體，清淨在音聞。欲取三摩提，實以聞中入。」指出：「自餘諸方便，皆是佛威神。即事捨塵勞，非是常修學。」對念佛三昧乃云：「諸行是無常，念性元生滅。因果今殊感，云何獲圓通。」永明禪師有《禪淨四料簡》，其文曰：「有禪無淨土，十人九蹉路，陰境忽現前，瞥爾隨他去。無禪有淨土，萬修萬人去，但得見彌陀，何愁不開悟。有禪有淨土，猶如帶角虎，現世爲人師，來生作佛祖。無禪無淨土，銅床並鐵柱，萬劫與千生，沒個人依怙。」近世修淨土者，多數因執《四料簡》，極少虛心研究圓通偈，而且對《四料簡》也多誤解的。這不獨辜負文殊菩薩，而且帶累永明禪師。終亦對權實法門，不能融會貫通。視禪淨之法，如水火冰炭。虛雲對此，不能無言。

考壽祖（永明壽禪師）生於宋代，是餘杭王氏子，他是中國諸祖中三位最多著述者之一。《佛祖統紀》卷二十六云，壽祖於吳越王錢氏時，爲稅務專知，用官錢買魚蝦放生，事發當棄市，吳越王使人往視之。囑以「色變則斬，不變則捨之。」已而色不變，遂貸命。因投四明翠巖禪師出家，衣不繒纊，食無重味。復往參韶國師發明心要，後上智者巖作二鬮。一曰「一生禪定」，二曰「誦經萬善莊嚴淨土」，乃冥心精禱，得誦經萬善圖乃至七度。

永明禪師是宗門下法眼宗第三代，著的書很多。如《心賦》和《心賦注》，是講明心見性的。《萬善同歸》是講法法圓融的。《宗鏡錄》百卷，是弘闡拈花悟旨。融會各宗理趣，攝歸一心的。日本人分佛學爲十三宗，中國人分十宗。《宗鏡錄》以心爲宗，以悟爲則，所說雖有深淺，皆窮源徹底，微微細細地表出此心。辟邪輔正，使後人不致誤入歧途。平生說許多話，未曾說過宗下不好的。他既是從宗門悟入的，何以又弘揚淨土呢？因爲大悟的人，法法圓融，參禪是道，念佛是道，乃至如我們勞動掘地也是道。他爲挽救末法根劣的人，故弘淨土，是淨土宗的第六代祖。一生讚揚淨土，人人尊重。圓寂後，在淨慈寺建塔紀念。

《佛祖統紀》又云，有僧來自臨川，曰：「我病中入冥得放還，見殿室有僧像，閻羅王自來頂拜。」我問：「此像何人？」主吏曰：「杭州壽禪師也。」聞已於西方上品受生，王敬其人，故於此禮耳。中國佛教徒以冬月十七日為彌陀聖誕，所據是何典章呢？《阿彌陀經》說，阿彌陀佛在西方過十萬億佛土，誰人知他冬月十七日生呢？這原是永明禪師的生日。因為他是阿彌陀佛乘願再來的，所以就以他的生日作為彌陀誕辰。

《四料簡》一出，禪淨二宗頻起鬥爭。淨土宗徒說：「有禪無淨土，十人九蹉路。」單修禪宗，生死不了。單修淨土，「萬修萬人去」。又參禪又念佛，「猶如帶角虎」。無禪無淨土，是世間惡人。淨土宗徒以此批評禪宗，至今鬧不清，屢說參禪之弊。又引證：「戒禪師後身為蘇子瞻，青草堂後身為曾魯公，遜長老後身為李侍郎，南庵主後身為陳忠肅，知藏某後身為張文定，嚴首座後身為王龜齡。其次則乘禪師爲韓氏子，敬寺僧爲岐夫子。又其次善旻爲董司戶女，海印爲朱防禦女。又甚而雁蕩僧爲秦氏子檜，居權要，造諸惡業。此數公者，向使精求淨土，則焉有此。爲常人、爲女人、爲惡人，則輾轉下劣。即爲諸名臣，亦非計之得也（意謂非佛子之所應期盼）。甚哉！西方之不可不生也。」云云。

我認爲修行人後身輾轉下劣，在人不在法。唐僖宗時，穎州官妓口作蓮華香，蜀僧曰：「此女前身爲尼，誦《法華經》三十年。」誦《法華》而轉世爲妓，不可謂《法華》誤之。猶參禪人後身爲常人、爲女人、爲惡人，亦不可謂參禪誤之。觀音菩薩三十二應，應以何身得度，即現何身而爲說法。難道觀音應身，也是輾轉下劣麼？阿彌陀佛化身爲永明禪師，永明禪師後身爲善繼禪師，善繼禪師後身爲無相居士宋濂。永明禪師就沒有阿彌陀佛那樣紺目澄清四大海了。善繼禪師在蘇州閶門外半塘壽聖寺血書《華嚴經》一部，他的弘法事業比永明禪師退半了。宋濂爲臣，不得善終，則又不如善繼禪師。難道也可以說阿彌陀佛也輾轉下劣麼？

禪宗的泰首座，刻香坐脫，九峰不許。而紙衣道者能去能來，曹山亦不許。淨土行人亦常以此批判禪宗的不對。他們沒審察到這種批判，原出於九峰和曹山。這正是禪宗善知識的正知正見，應當因此注意禪宗。緣何反以之低估禪宗呢！我們現在誰能刻香坐脫立亡？我們連泰首座、紙衣道者都不如，還敢輕視禪宗麼！我認爲宗下有淺有深，顯教密教有頓漸邪正。念佛也一樣，禪之深淺，區別起來就多了。凡夫、外道、小乘、中乘、大乘，都各有各的禪。中國禪宗的禪是上上乘禪，不同以上所舉的禪。但末世行人參禪，確實有走錯路的，無怪有永明《四料簡》中之所責。

惟我平常留心典章，從未見到《四料簡》載於永明何種著作中？但天下流傳已久，不敢說它是僞託的。它所呵責「有禪無淨土」，難道禪淨是二麼？念佛人心淨則佛土淨，即見自性彌陀。這淨土與禪是不二的。但今人卻必限於念佛爲淨，參禪爲禪。昔日我佛逾城出家，入檀特山修道，始於阿藍迦藍。三年學不用處定，知非便捨。復至鬱頭藍弗處三年學非非想定，知非亦捨。又至象頭山同諸外道日食麻麥，經於六年，臘月八日明星出時，豁然大悟，成等正覺，乃歎曰：「奇哉！一切眾生皆有如來智慧德相，但以妄想執著，不能證得。」其時那裡來的禪和淨呢？以後說法四十九年都未道出究竟，至拈花微笑，付法迦葉，亦未說出禪字。禪是最上一乘法，猶如純奶，賣奶的人，日日加了些水，以至全無奶性。學佛法的也如純奶摻了水，永明看到，便對摻了水的禪說：「有禪無淨土，十人九蹉路」。並非說純奶的禪「蹉路」。永明禪師上智者巖作禪淨二鬮，冥心精禱得淨鬮乃至七度。

若禪是不好的，他絕不作此鬮。若淨是他本心所好的，則他必不至拈至七度乃決。且永明禪師出身禪宗，是法眼宗第三代，那會有自抑己宗，說禪不好的道理。

參禪的方法，如看「父母未生前本來面目」，其目的只求明心見性。後人參禪違此方法，得些清淨境界，通身輕飄飄的，一下子就開靜了，便自以爲有功夫。其實滯於陰境，卻不知一念緣起無生，未能於百尺竿頭更進一步。永明因此說：「陰境忽現前，瞥爾隨他去。」倒不如念佛老實可靠。但他也不是說光念佛就能「萬修萬人去」。要有淨土，才能見彌陀。若以「但得見彌陀，何愁不開悟」爲可靠，這又打錯妄想了。《楞嚴經》中，阿難白佛言：「自我從佛，發心出家。恃佛威神，常自思惟。無勞我修，將謂如來，惠我三昧。不知身心，本不相代，失我本心。」如此說來，豈釋迦佛威神不可恃，不能惠我三昧，而彌陀佛威神卻可恃，卻能惠我三昧耶？念佛決定比妄想、三毒、五欲等事好，如做好夢，醒來精神愉快。做噩夢，醒來情思抑塞。所以瞎打妄想，不如一心念佛。倘能法法皆通，則是最高尚的修行。「有禪有淨土」，如虎本有威，再加二角，更加威猛。爲師作佛，自是理所當然了。至於無善根者，不信禪亦不信淨，糊裡糊塗，則「萬劫與千生，沒個人依怙」了。

我平生沒有勸過一個人不要念佛，只不滿別人勸人不要參禪。每念《楞嚴經》所指「邪師說法如恒河沙」而痛心，故把《四料簡》的意旨，略加辨說。希望一切行人，不要再於《四料簡》中偏執不通，對禪淨二法妄分高下，就不辜負永明禪師了。

佛法的根本要義

現在這裡的和平法會，已舉行幾天了，這是很希有難得的。今天葦舫法師、妙眞和尙、趙樸初、李思浩、方子藩居士等，均要虛雲出來與各位說法。我想趁這個因緣，把念佛與參禪的關係隨便談談，以便給初發心學佛的人作個參考。今天是和平法會念佛壇開始的一天，本是由妙眞和尙來講的，他很客氣的不講，故由虛雲出來與諸位談談。

我們人生住在娑婆世界裡，猶如在苦海中。因此沒有一個人不想脫離苦海的。但脫離生死苦海，便需佛法。佛法的眞諦，嚴格的說起來，是無法可說。那有言語文字形相呢？《楞嚴經》說：「但有言說，都無實義。」可是，爲接引一般各種根機不同的眾生，致有無量的法門。在中國的佛法，有人分出爲禪、教、律、淨與密宗五派。這在老參飽學的人是無所謂的，因他已瞭解佛教的眞理，絕無差異的。而在一般初入學佛的人，便發生許多意見。每每分宗、教等等，並且讚彼毀此，有損法化。要知道一個話頭，或一句佛號，都是方便的，不是究竟的。眞是功夫用到家的人，是用不著他的。爲甚麼？因爲動靜一如。好比月印千江，處處明顯，無有障礙。障礙者，如天空裡的浮雲。水裡的污泥，若有障礙，則月雖明而不顯，水雖清而不現。我們修行的人，如果能體解這個道理，瞭解自心如秋月，不向外馳求，返照回光，一念無生，了無所得，那有甚麼名相差別呢？只因無量劫來，妄想執著，習氣深重，以致釋尊說法有四十九年，談經約三百餘會。但這些法門最大的目的，無非是治療各種眾生不同的貪、瞋、癡、慢等習氣毛病。若能遠離這些，你即是佛。那有眾生的差別呢？古人說：「方便有多門，歸元無二路。」

也是這個道理。

現在的佛法，比較盛行的是淨土與禪宗，但一般僧眾都忽略了戒律。這是不合理的。因爲佛法的根本要義，乃是戒、定、慧三字。如鼎三足，缺一不可。這是我們每個學佛的人，應特別注意的。

禪宗是世尊在靈山會上拈花示眾，唯有迦葉尊者破顏微笑。稱爲心心相印，教外別傳，爲佛法的命脈。而念佛的淨土和看經持咒等的法門，都是了生脫死的佛法。有人說，禪宗是頓超的，念佛持咒是漸次的。是的，這不過是名相上的差別，實際上是無二致的。六祖大師說：「法無頓漸，見有遲疾。」我認爲佛法的每個法門皆可修持，你與哪一法門相宜，便修持哪一法門。切不可讚此毀彼，妄想執著，而最重要的還是戒律的遵守。近來有出家人，不但自己不嚴守戒律。

還說持戒是執著，那種高調是多麼危險。

心地法門的禪宗，自迦葉尊者後，輾轉相傳。從印度傳到中國六祖惠能大師，都稱爲正法流傳，盛極一時。律宗以優波離尊者爲首，他承受了世尊的囑咐，要我們末世的眾生，以戒爲師。在毱多尊者後，發揚爲五部律。我國的南山老人道宣律師依曇無德部，制疏奉行，稱爲中興律祖。天臺北齊老人，觀龍樹《中觀論》，發明了心地。杜順老人以《華嚴經》爲主，建立了賢首宗。遠公提倡淨土，九祖相承。在永明後，歷代祖師大都以禪宗弘揚淨土，水乳相融。雖然諸宗紛起，究竟不離拈花命脈，足見禪淨關係的密切了，更可見古人弘揚佛法的婆心了。至於密宗是由不空尊者、金剛智等傳入中國，經一行禪師等努力才發揚光大的。但這些都是佛法，應當互相揚化，不得分別庭戶，自相摧殘。若彼此角立互攻，便不體解佛祖的心意了。

古人說法，大都拾葉止啼。趙州老人說：「佛字我不喜聞。」又說：「念一句佛號，漱口三日。」因此，有一般不識先人的苦心者，便說念佛是老太婆做的事，或說參禪是空亡外道。總之，說自己的是，談他人之非，爭論不已。這不僅違背佛祖方便設教的本懷，且給他人以攻擊的機會，妨礙佛教前途的發展，至深且鉅。因此，虛雲特別提出，希望各位老參及初發心的道友們，再不可這樣下去。如果再這般下去，便是佛教的死路一條，須知條條大路通長安的道理。學佛的人，應多看看永明老人的《宗鏡錄》和《萬善同歸集》等。念佛的人，亦應瞭解《大勢至菩薩念佛圓通章》。要認識自性淨土，捨妄歸眞，勿得向外別求。如果我們能體會到這種眞理，隨他說禪也好，談淨也好。說東方也去得，說西方也去得。乃至說有也可，說無也可。到這時，一色一香，無非中道了義。自性彌陀，唯心淨土，當下即是，哪有許多葛藤！《楞嚴經》說：「但盡凡心，別無聖解。」如能這般做到，斷除妄想、執著、習氣，即是菩薩佛祖，否則還是凡夫眾生。

念佛的人也不應太執著，否則還成了毒藥。我們現在念阿彌陀佛的名號，是因我們無始以來的習氣深厚，妄想難除。故借這一句佛號。來做個拄杖子，念念不忘。久而久之，則妄念自除，淨土自現，何須他求呢！

（一九五二年十二月十七日講於上海佛教界祝願世界和平法會

月耀、佛源記錄整理）

老實念佛

今天是印光老法師生西十二周年紀念，各位都是他的弟子，在這裡聚集一堂，飲水思源，追念師父。在佛法的道理上，師是法身父母，紀念師父，便是對法身父母的孝思。較之世間小孝，更有意義。回憶我第一次與印光老法師相見，是光緒廿年在普陀山（按：應為光緒廿三年）。那時是化聞和尚請他在前寺講《阿彌陀經》。自從講完了經，他便在寺中閱藏。二十餘年從未離開一步，只是閉戶潛修。所以他瞭解教義極深。他雖深通教義，卻以一句「阿彌陀佛」爲日常行持，絕不覺得自己深通經教，便輕視念佛法門。佛所說法，無一法不是療治眾生的病苦。念佛法門，名爲阿伽陀藥，總治一切病。但無論修何種法門都要信心堅固，把得住，行得深，方能得圓滿的利益。信心堅固，持咒可成，參禪可成，念佛可成，都是一樣。若信根不深，只憑自己的微小善根，薄學智慧，或記得幾個名相，幾則公案，便胡說亂道，談是論非，只是增長業習。到生死關頭，依舊循業流轉，豈不可悲。各位是印光老法師的弟子，今天紀念他，便是紀念他的眞實行持。他腳踏實地的眞修，實足追蹤古德。他體解《大勢至菩薩念佛圓通章》的深理，依之起修，得念佛三昧，依之弘揚淨土，利益眾生。數十年如一日，不辭勞瘁，在今日確實沒有。眞實修行的人，不起人我分別見，以一聲佛號爲依持，朝也念、暮也念，行也念、坐也念。二六時中，念念不忘，綿綿密密，功夫熟處，彌陀淨境現前，無邊利益，自可親得。只要信心堅定，心不堅，萬事不能成。若今日張三、明日李四，聽人說參禪好，便廢了念佛的功夫去參禪，聽人說學教好，又廢參學教。學教不成，又去持咒。頭頭不了，賬賬不清，不怨自己信心不定，卻說佛祖欺哄眾生。謗佛謗法，造無間業。因此我勸大眾，要堅信淨土法門的利益，隨印光老法師學「老實念佛」，立堅固志，發勇猛心，以西方淨土爲終身大事。

參禪與念佛，在初發心的人看來是兩件事，在久修的人看來是一件事。參禪提一句話頭，橫截生死流，也是從信心堅定而來。若話頭把持不住，禪也參不成。若信心堅定，死抱著一句話頭參去，直待茶不知茶，飯不知飯，功夫熟處，根塵脫落，大用現前。與念佛人功夫熟處，淨境現前，是一樣的。到此境界，理事圓融，心佛不二。佛如眾生如，一如無二如，差別何在？諸位是念佛的，我希望大家以一句佛號爲自己一生的依靠，老老實實念下去！

（一九五二年十二月廿一日講於印光大師生西十二周年紀念）

立志學佛

人生在世，無論士農工商，欲求不虛生浪死，作一有爲人物，首要立志高尚。蓋志高則趨向上，人格自高。志卑則趨向下，人格自卑。且死後神識升沈，亦由斯而判。欲知後世果，今生作者是。吾人立志，可不愼歟！

曠觀古往今來之人物，至高至上，無如佛者。佛爲大覺王，聖中聖，首倡平等無我之旨，以解救一切衆生痛苦爲務。萬德周圓，九界尊仰。然則立志，捨學佛其誰與歸？況衆生皆有佛性，本與佛同，立志學佛，終當成佛。倘若不負己靈，必以佛爲趨向。故皈依佛爲吾人第一當決定之志願，但今末法，佛已過去，傳佛心者唯法，奉佛傳法者唯僧，故並稱三寶。立志學佛，故必奉法奉僧，此三皈依所由設。皈者，一心嚮往。依者，頃刻不離。嚮往不離則我心即佛心，凡身即聖身，更何善不興？何惡不去？增善滅惡，自然災消福至。故知欲求世界和平，人人當以三皈爲本也。

然三皈屬立志，有志當有行，行以念佛爲最簡便，而以持戒爲根基。若口念彌陀，身行惡行，或心中散亂者，亦屬徒然。故初步學佛，當受持五戒，進一步當受持菩薩戒。

五戒者，戒殺、戒盜、戒邪淫、戒妄語、戒飲酒。其義即儒家之五常，特以五常乃空洞名詞，故於其中各擇一簡要事實，以爲下手。仁以戒殺爲始，義以戒盜爲始，禮以戒邪淫爲始，信以戒妄語爲始，智以戒飲酒爲始。根本既固，自可日進有功矣。

菩薩者，精進求佛道，慈悲救眾生，謂之菩薩。行持以四弘誓願爲目標，事事以損己利人爲趨向。雖粉骨碎身，不退不悔。若一念生二乘心，或作損人利己念者，即爲破戒。
菩薩戒首重戒心，受持者不可不慎也。

（於雲門授三歸五戒開示）

末法僧徒之衰相

一九五三年四月中國佛教協會成立期間，撰文訶斥提議毀戒者。

俗有言：「秀才是孔子之罪人，和尚是佛之罪人。」初以爲言之甚也。今觀末法現象，知亡六國者六國也，非秦也。族秦者秦也，非天下也。滅佛法者，僧徒也，非異教也。今因答客問，一發所蘊。

問：現今更改佛曆年月，不用四月初八日爲浴佛節。當否？

答曰：釋迦佛的法運，有正、像、末三期。正法、像法各一千年，末法一萬年。正、像時期已過了，末法到現在已經過了九百八十二年了。末者，沒也。法怎麼會沒了呢？擁護佛法的人多，佛法就萬古長存。事相雖有正、像、末，但人正則末法時期也是正法。若自生退屈，則正法時期也成末法。

末法，經上所說種種衰相現在都出現了。僧娶尼嫁，袈裟變白。白衣上座，比丘下座。這些末法衰相都出現了。釋迦佛的法，到人壽三十歲時，大乘法就滅了。人壽二十歲，連小乘法也滅了。人壽十歲時，只剩「南無阿彌陀佛」六字。法末之時，佛所說的法都要滅的。先從《楞嚴經》滅起，其次就是《般舟三昧經》。如歐陽竟無居士，以他的見解作《楞嚴百僞說》來反對《楞嚴》。還有香港某法師說《華嚴》、《圓覺》、《法華》等經和《起信論》都是假的，這就是法末的現象。

過去迦葉佛入滅後，諸天把他的三藏聖教收集歸藏，建塔供養。唐時天人與宣律師說，於渭南高四台，暨終南庫藏聖迹，均是迦葉佛末法時經像所藏之處。今現有十三位圓覺菩薩在谷內守護，至今每逢年臘月，空中有天鼓響。

前年中國佛教協會開成立大會。大家議論佛法之滅是佛弟子自己滅的，政府不管你滅不滅。開會時候，政府派員出席，會中許多教徒紛紛討論。所謂教徒者，竟提出教中《梵網經》、《四分律》、《百丈清規》這些典章害死了許多青年男女，應該取消。又說大領衣服是漢人俗服，不是僧服。現在僧人應當要改革，不准穿。如其再穿，就是保守封建制度。又說信教自由，僧娶尼嫁，飲酒食肉，都應自由，誰也不能管。我聽了這番話，大不以爲然，與他們反對。

他們對浴佛節也有不同說法，不承認四月初八日爲浴佛節。我憑《法本內傳》及摩騰法師對明帝曰：「佛以甲寅之歲四月八日生。」此當周昭王二十四年。《魏書》沙門曇謨最日：「佛以周昭王二十四年四月八日生，穆王五十二年二月十五日滅。」這樣年月，多少朝代都遵奉不改。周昭王甲寅到現今已二九八二年了，現在他們要改爲二五零二年。本來孔子、老子生在佛後，今他把孔老擺在佛先。我當時在大會上和他們爭論，戒律、年號、漢服不准毀。（編者注：此年號為佛曆。計算方法為佛曆減去一千零二十七年即西元年曆。如虛老和尚作此開示時為佛曆二九八二年，即西元一九五五年。）

把佛法傳入中國的印度摩騰、竺法蘭二尊者，去佛滅的年代還不遠。當時白馬寺東，夜有異光，摩騰指出爲阿育王藏佛舍利之處。明帝建塔其上，佛道角試優劣。摩騰踴身虛空，廣現神變，法蘭出大法音，宣明佛法。二尊者的智慧神通難道說不清年月？後來的高僧，如羅什、法顯、玄奘、道宣，雖有幾種傳說，也沒有確定改變。及至民國二年，章太炎等居士在北京法源寺召開無遮大會，討論佛的紀念日，議決四月初八日爲浴佛節。現在世界多用耶曆，而政府亦沒有叫佛教改用耶曆，我主張應用自己的佛曆。是與不是，還以遵古爲宜，改了不好。而他們硬要把二月八日、四月八日、二月十五日、臘月八日，古有的紀念日都不要了。他們不用四月八日作浴佛節，改四月十五才是浴佛節。《梵網律》屬華嚴時，《四分律》屬阿含時，都要被他們毀了。《百丈清規》由唐至今，天下奉行，他們要改。漢朝到今，穿的大領衣也要改。你看是不是末法？

因此和他們爭論說你們要改，你改你的。佛是印度人，印度一年分三季，一季四個月。我國一年分四季，一季三個月。我國有甲子分年號，印度沒有。所以改朝換代，未免不錯亂，故弄不清楚。玄奘在印度十八年也未曾確定了年代。我們前人行了一兩千年的四八浴佛臘八粥，一旦改了不方便。我們何苦自己要改呢？

我和李任潮商量，說這些壞教徒要改佛制。政府如不做主，任縱這些教徒亂爲，便能使國際間的佛徒發生懷疑。政府叫我入京招待國際佛教友人，豈由他們亂改佛制祖規。李任潮等叫我忍辱，政府見鬧得不可開交，就問改制的原故。有人說僧尼要穿壞色衣。政府問：「何爲壞色？」能法師說：「架裟才是壞色，其他不是。」大家聽了齊聲說：「只留袈裟，取消其他。」我說能法師說的不錯。梵語「袈裟」，華言「壞色」，有五衣、七衣、大衣三種，並一裏衣和下裙。印度用三衣裙就是我們此土的衣褲。此衣裙隨身，睡以爲被，死亦不離。佛說法在印度，氣候暖，中國氣候冷，所以內穿俗服，不准彩色，將俗衣染成壞色。如做佛事外搭袈裟，袈裟便不常著。看爲尊敬了，宋、金、元朝代把漢衣改了。僧人至今未改，漢衣成了僧衣。故說這個大領衣就是壞色衣。若說劃清界限，就不要改。若將大領衣改了，則僧俗不分了，就是僧俗界線分不開。

政府聽我此說，贊成同意我說的，並說佛律祖規不能改動，加以保留，暫告結局。你看這是不是僧人自毀佛法？雲老矣！無力匡扶，惟望具正知見的僧伽共挽狂瀾，佛法不會滅的！

戒期開示

一九五五年十月於江西雲居山真如寺

此次傳戒緣起（自誓受戒）

此次本山驚動各省各處及諸山緇素佛子，不辭辛苦跋涉長途，或為求戒，或為成就助道而來。但是這裡是個茅蓬，諸不如法，照顧不周，不免要使諸位動念。關於此次傳戒一事，尚有多人未明底細。今將情由講給諸位聽聽，請不要煩惱，不要誤會。

此處為祖庭道場，是一名勝古剎，有典籍可考的大祖師，在此宏法者有數十位。自宋、元、明、清以來，疊經興廢，抗日戰爭時，遭兵火焚毀，殿堂屋宇，百無一存了。虛雲去年在北京參加和平法會及佛教協會畢，南來匡阜養病。因譪雲居法窟，荒廢已久，不忍名勝湮沒。遂興謬想，於是請准政府，撥草登山。目擊劫後遺基，叢生荊棘，只剩銅佛二尊、觀音菩薩一座，埋於草莽之中，不禁感傷墮淚。即就破爛牛屋，略事修葺，隨便藏身，意在保守古跡而已，未計如何施設也。孰料未及半載，諸方衲子瓶鉢遙臨，住不肯去，事成難題。若不招待，情固難卻。如若接納，食宿無著。不得已，共同芟蔓闢荒，不辭艱辛，謀衣食住，同甘共苦，備極勤勞。

有諸未進具者，屢請說戒，懇禱至再，勉應之曰：「傳戒要經政府批准，方可舉行。」嗣經請准，即告大眾曰：「現得政府許可，開一方便短期。單爲本山幾個新戒，不是圖熱鬧，切不可向外通信，謂此地傳戒。倘若外處得知湧來，食宿無著，招待不下。我原爲養病來此結茅蓬，並不是來此大開期會。」不料有幾位多事者，私自向外通信，亦有幾位雲水來往者，可能在外說出，致使四方詢問，有幾百封信，又不能打妄語。回信乃說因食宿困難，未有向外通知，只爲原住新戒，開一方便短期。高旻寺有些人來信苦求，人情難過。只得批了幾個小字，「如必要來，要有當地政府證件，否則勿來。」可能因此張揚出去。

外來者不得參加之原因

今諸位既已遠道而來，如不說出此中情由，怕你們誤會。本來國家實行宗教信仰自由政策，對我們傳戒打七、講經說法等事，是許可的。即此次傳戒，亦已陳明政府及宗教事務處與佛協會等，均蒙准許。爲甚麼現在外來的又不得參加呢？食住困難且置不說。恰遇滬上天主教堂出了事情，此係外教，今且不說。又上海佛教青年會，素來是以弘法利生自命的，這次亦出事情。此係居士，又復不說。說到出家人頭上，金剛道場亦相繼出事。對這些事實，諸位觸目寒心不寒心呢？又聞昨由甘肅省電致江西省政府，謂彼地有外道頭，隱在佛教中已來雲居山，清濁分不了，便會因一人害多人。如是等事，關係甚大，安可不防？

開自誓受戒方便

諸位此次既因不明了本寺傳戒情由，貿然前來。又因碰著上海發生那些事情，故只好原道請回。這樣說法，想諸位聽了一定煩惱，但我亦終究不忍諸位徒勞一遭。早年我辦戒期都是五十三天，今因生產事忙，日期減短些。原定十月十五進堂，冬月十八圓滿，共三十二天。現復因諸緣不湊，再緩期半月，定爲冬月初一進堂，仍是十八圓滿。今特爲外來的新戒開一自誓受戒的方便，望外來諸位歡喜照行。虛雲平生，本最不滿於濫設戒壇、濫傳戒法者，每見有些傳戒之處，形同買賣，不問壇場和尚及阿闍黎等是否如法。三數日甚或一日便畢三壇，四處賣牒。美其名曰寄戒，不知律儀爲何！對此等稗販如來者，便覺痛心疾首，爲甚現在又開自誓受戒呢？

考受戒有受佛戒與受僧戒之分。出家五眾，在佛菩薩前，法師爲啓請三白，領受十無盡、四十八輕菩薩戒。在家二眾，受六重、二十八輕菩薩戒，是爲佛戒。以菩薩已忘我故，在佛菩薩前領受（但求受菩薩戒者，須自審是否已經忘我）。

比丘在僧中禮請十師，白四羯磨，領受二百五十戒，比丘尼受三百四十八戒，是爲僧戒。以聲聞未能忘我故，須有十師證明。菩薩戒本說：「若千里內，無能授戒師，得佛菩薩形像前自誓受戒，而要見好相。」又《華嚴經》偈說：「一切業障海，皆從妄想生。若欲懺悔者，端坐念實相。罪業如霜露，慧日能消除。是故應至心，懺悔六情根。」若六根清淨則戒相成就，故菩薩戒，若千里內無授戒師，是可方便的。

若千里內有授戒師，亦不許開。

今各位不遠千里而來，是已生至重之心，虛雲也不是想避說戒，實因障礙因緣而已。故此是可開自誓受戒方便的。至於僧戒，本來要眼觀壇儀、耳聽羯磨，才得受戒。故定從他受，不開自誓。然諸位此次皆是發殷重心跑來本山求戒，戒壇也看到了，十師也認得了。我每天講受戒法則也聽到了，雖未正式登壇，但諸位各回本處自誓。我在此地作法，遙爲回向，雖未算如法，也不爲草率從事了。且《增一阿含經》說：「諸佛常法，若稱善來比丘，便成沙門。」虛雲安敢自比於佛，但今既碰著障礙因緣，萬不得已而權施方便，諸佛於常寂光中，或能默許。但諸位要知道，若無特殊因緣，是萬不能開方便的。

虛雲業障深重。你們要我說戒，我不是不想說，只因你我往因差錯，以致今朝諸緣不遂。你們請回去，可各就本處寺庵淨室，至誠禮佛，虔求懺悔。仍按本寺所定日期，初一開壇，初八沙彌戒，十四比丘戒，十六燃香申供，十七菩薩戒，十八圓滿功德。如是禮懺，須虔誠懇切。如見好相，即爲得戒。請師長上人證明，許爲本壇戒子，照發戒牒。但毗尼威儀，規矩法則，切須自行習學。今爲諸位開此方便，實在不得已而爲。古人說：「寧可將身墮地獄，莫將佛法作人情。」虛雲今日如此作爲，縱墮地獄，尚屬小事。若諸位不肯留心，不能如戒行持，則盜佛形儀，妄稱釋子，唯爲一紙戒牒，徒掛空名。則日後之果報，不可言說。是爲極苦，各宜愼重。

衣鉢

「衣鉢」乃受戒正緣，今將衣鉢名相，略與諸位說之。

七眾受戒衣式不同，大分之有「縵衣」、「三衣」之別。

「縵衣」者，梵語「鉢吒」，此云「縵」，縵者漫也，謂通漫而無條相之衣，亦名禮懺衣，原為沙彌沙彌尼之衣。但曾受三歸五戒之優婆塞優婆夷，及曾受菩薩戒之在家二眾得披之。然惟聽作諸佛事，及禮懺之時披著。除是之外，一切時中，若居家、若出入往返，皆不得著。若詣庵寺當以囊盛之隨行，如在家宅，可以掛置淨處。

「三衣」者，一五衣、二七衣、三大衣。律制比丘比丘尼應蓄三衣，壞色割截縫成長短條堤之相，喻如田畔之畦，能貯水養嘉苗而資形命。表法衣之田，潤以四利水，增長三善苗，以養法身而資慧命，是故僧云福田僧，衣云福田衣。

「五衣」者，梵語「安陀會」，此名「作務衣」，亦名下衣，亦名雜作衣。縱五條，橫一長一短，割截而成，原是比丘比丘尼三衣之一。凡寺中執勞服役，路途出入往返皆披之。

「七衣」者，梵語「鬱多羅僧」，此名入眾衣，亦名上衣。縱七條，橫二長一短，割截而成。是比丘比丘尼常服衣。凡禮佛、懺悔、誦經、坐禪、赴齋、聽講、安居、自恣，乃至一切集僧辦事皆披之。

「大衣」者，梵語「僧伽黎」，此名雜碎衣，謂剪碎縫成，條相多故。是比丘三衣中之最大者，故名大衣。凡陞座說法、半月布薩等時，當著此衣。此衣有多種不同，上中下各有三品。下三品者，謂下下品九條，下中品十一條，下上品十三條。此三品皆兩長一短，割截縫成。中三品者，謂中下品十五條，中中品十七條，中上品十九條。此三品皆三長一短，割截縫成。上三品者，謂上下品二十一條，上中品二十三條，上上品二十五條。此三品皆四長一短，割截縫成。此等衣皆應用熟苧麻布縫製，不得用綾羅綢緞紗絹等物，更不可繡佛像在衣上。有人繡千佛於衣上，號爲千佛衣，褻瀆實甚。本來佛弟子對佛像，只能恭敬頂戴，怎可把佛像在自己身上顛三倒四，甚至壓在屁股下呢？所謂千佛衣者，是指如上三衣，佛佛道同，千佛相傳，都是一樣。並不是繡千佛於衣上，謂之千佛衣。

又印度氣候暖，比丘三衣及下裙外，無別衣服，故衣裙常不離身，睡則爲被，死亦不離。中國氣候冷，比丘內穿圓領衣服，只作佛事時才搭袈裟。因此袈裟便不常披，但如出界外，亦應隨身攜帶，離衣是犯戒的。

至於沙彌沙彌尼衣式，按《薩婆多毗尼毗婆沙論》云：「沙彌得蓄上下二衣，一當安陀會，一當鬱多羅僧，令清淨入眾及行來時著。」又《根本部》云：「沙彌受縵條衣，若年滿二十，可授近圓，師爲求三衣鉢具。」《毗婆沙》所言當者，非同比丘五條衣，一長一短。七條衣，二長一短，割截縫成田畦之相。但受持借五七之名，縫成不用五七之相，僅是無條相之縵衣。至近圓時，師所求者，方是割截條相，然其間亦可少設方便。

按律制度，沙彌約有三種。一者年七歲至十三歲，名「驅烏沙彌」，初小兒出家，阿難不敢度。佛言若能驅烏者聽度，故名「驅烏沙彌」。二者十四歲至十九歲，名「應法沙彌」，謂正合沙彌之位，以其五載依佛，調練純熟，堪能進受具戒，故名「應法沙彌」。三者二十歲至七十歲名名字沙彌，以其本是僧之位，以緣未及，且稱沙彌之名字，故名「名字沙彌」。若驅烏及應法沙彌，應披無條相之衣，以其未屬僧位。若名字沙彌年滿二十以上，決志登三壇戒者，則非局於單持沙彌行法。不過漸次升進，不躐等級而已。所以可權許受持田相之衣，惟不聽著僧伽黎。

又附此談談。比丘戒本來要年滿二十歲才能領受，但有未滿者，佛聽從出世日算至現在，以閏年抽一月，以大月抽一日補之，故滿十八歲便可受具。又凡事要在人格上看，勿過拘執，古來的大祖師未拘在年齡者也不少。

「具」者，梵語「尼師壇」，此名「隨坐衣」，又名「敷坐衣」，又名「襯足衣」。即如塔之有基，受戒者之身即五分法身之塔。以五分法身，因戒生故，此具七眾皆可持之。

「鉢」者，梵語「鉢多羅」，此云「應量器」，謂體、色、量三皆如法故。體則鐵瓦二物，不得用銅木等製成，色則用麻子杏仁擣碎，塗其內外，以竹煙熏治作鳩鴿孔雀色。所以熏治者，以夏天盛物不餿，不染垢膩故。量則上鉢斗半，中鉢一斗，下鉢五升，此乃姬用斗。若准唐斗，上鉢一斗，中鉢七升半，下鉢五升。此鉢准出家二眾受持。

此三衣鉢具，是出家二眾受戒之正緣，資身之急務，必須自己置辦。若借若無，並名非法。准律明條，皆不得戒。

戒律是佛法之根本

前已略說衣鉢名相。今將受戒的要義，約略說說，你們要留心諦聽。佛法之要，在於三無漏學。三學之中，以戒爲本。良以由戒生定，由定發慧。若能持戒清淨，則定慧自可圓成。佛所制戒，以要言之，大分三種。一在家戒，謂五戒八戒。二出家戒，謂沙彌沙彌尼十戒、比丘比丘尼具足戒。三道俗通行戒，謂菩薩三聚戒。

今諸位欲求受戒，首重行願。行者行持，即依戒而行。願者發願，即四弘誓願。行願相資，方成妙用。佛制戒律，無非使眾生斷除習氣毛病，令止惡生善，背塵合覺。故《華嚴經》云：「戒爲無上菩提本，應當具足持淨戒。」由是戒故，佛法得以住世，僧伽賴以蕃衍。

戒法戒體戒行戒相

戒有「戒法」、「戒體」、「戒行」、「戒相」之分。

「戒法」者，佛為優婆塞優婆夷所制之五戒八戒、式叉摩那之六法戒、沙彌沙彌尼之十戒、比丘之二百五十戒、比丘尼之三百四十八戒、出家五眾菩薩之十重四十八輕戒、在家二眾菩薩之六重二十八輕戒，及一百八十四種羯磨、三千八萬無量律儀等，皆名戒法。

「戒體」者，當受戒時，領納戒法於心胸，於身內即生一種戒體。此體雖非凡夫可以見聞，然一生之中恆常相續，有防非止惡之功能，是名戒體。戒體的優劣，在於受戒時發心的高下。故求戒者，當先明白發心，發心分下中上三品。

一、下品心，於正受戒時，以智狹劣誓願不廣，或心散亂，緣境不周，但得戒相守持，無克發體功用，是爲下品心，即得下品戒。二、中品心，於正受戒時，心緣一切情非情境，但於所緣境上，僅能分斷諸惡，分修眾善，唯欲自脫生死，全無度生誓願，是爲中品心，即得中品戒。三、上品心，於正受戒時，心心相續，見境明淨，徧緣法界一切情非情境，於此境上，能發決定大誓願，願斷一切惡、願修一切善、願度一切眾生，是爲上品心，即得上品戒。所以要得受上品戒，當發上品心。

又當受戒前，應先究心緣境之寬狹，然後才可以立志高遠，見相明白。若不預先深究，法相尚且虛浮，怎能得受上品戒？甚或戒全不發，則虛受費功，徒勞一世，大須留意。緣境雖多，不外情與非情兩種。情境就是一切有生命的動物，如人類魚蟲鳥獸等。非情境就是一切無生命的礦植等物，如山河大地、日月星辰、草木房舍、衣藥用具等。眾生造惡，皆因迷著前境，如見財物起盜心、見美色生淫念等是。但惡業固由境起，善業還從境生。境是制戒之所依，亦爲發戒之正本。如淫殺等依情境而制，其戒亦依情境而發。盜妄等依情與非情境而制，其戒亦依情與非情境而發。是故森然有境，皆是制戒之本、發戒之因。若能興廣大慈護之心，徧緣如上情非情境。於此境上發如上三大誓願與彼戒法相應，領納在心，盡壽護持，是即上品戒體。

「戒行」者，得戒體已，於日用中，動靜云爲，任運止惡，任運修善。順本所受不越毗尼，則世出世間一切行門，無非戒行，並非離一切行外，別有所謂戒行者。

「戒相」者，即佛所制諸戒，於一一戒中，有持犯不犯之分，有輕重開遮之別。持者以順受體爲名，分止持作持。

犯者以違受體爲名，分止犯作犯。止持者，方便正念，護本所受戒體，禁防身心，不造諸惡，是名止。止而無違，戒體光潔，順本所受，是名持。持由止成，即非法惡業，不當行即不行，是名止持。作持者，勤策身口意三業，修習戒行，有善起護，是名作。作而如法，順本所受戒體是名持，持由作成，即如法善業當行即行，是名作持。止犯者，癡心怠慢，行違本受，於諸勝業厭不修學，是名止。止而有違，反彼受願，是名犯。犯由止成，即勝業當行而不行，是名止犯。作犯者，內具貪瞋癡慢我見等毒，鼓動身口，違理造境，是名作。作而有違，汙本所受，是名犯。犯由作成，即惡業非法不當行而行，是名作犯。其他輕重開遮等，各須研習律藏，現在不能細說，此等名爲戒相。

上來所說，雖分四種，其實是一。軌凡從聖，名戒法。總攝歸心，名戒體。三業造修，名戒行。覽而可別，名戒相。

由法成體，因體起行，行必據相。當知戒相者，即是戒法之相，復是戒體之相，又是戒行之相。蓋法無別法，即相是法。體無別體，總相爲體。行無別行，履相成行。是故行人最要深研戒相。此所謂戒相者，即是律中所明持犯等相。持犯等相雖多，不出心境。蓋惡業，非境不起，非心不成。善業也是非境不發，非心不生。故南山律師說：「未受已前，惡徧法界。今欲進受，翻前惡境。並起善心。故戒發所因，還徧法界。」是故得戒者，即翻無始惡緣俱爲戒善，變有漏苦報即成法身。諸位發心受戒，於此須善用心。

大小乘戒之同異

戒本有大小二乘之分。菩薩十重四十八輕戒爲大乘，比丘二百五十戒、比丘尼三百四十八戒、沙彌沙彌尼十戒等爲小乘。然雖小乘，若受戒者發上品心，即得受上品戒。此上品戒體，與大乘三聚戒體相當。如隨持一戒，禁惡不起，即攝律儀。用智觀察，即攝善法。無非將護，即攝眾生。故小乘亦通大乘。所謂內秘菩薩行，外現聲聞相是也。然聲聞戒本爲制身不犯，菩薩戒則爲制心不起，故於結犯大小各有不同。《十誦律》等結犯不約心論，須動身口方成犯戒，此是正小乘戒。《四分律》結犯則約心論，若以後念還追前事，即成犯戒，此是通大乘戒。菩薩戒最重約心結犯，微縱妄心，即爲犯戒，此是正大乘戒。故大乘初念即犯，《四分》次念乃犯，《十誦》等要動身口才犯。此等分齊，不可不知。

三歸五戒

無論大小乘戒，皆以三歸五戒爲根本。故三歸五戒，對於在家出家，皆極重要。（惟婬戒，在家戒邪婬，出家全戒婬，須善分別。）三歸者，一歸依佛、二歸依法、三歸依僧。

一、歸依佛。「佛」者，梵言具名「佛陀」，華譯「覺者」。所謂「覺者」，就是覺悟了一切事物，相生相滅之因果關係。更在那無限複雜之因果事相中，發見此因果的必然秩序。如發現十二因緣之無明緣行，乃至生緣老死的必然序列等，從而證悟了事理的眞相。爲悲愍眾生未明此眞相，致沈淪生死苦海故。以無數方便，引導眾生。循著那必然的理則來改善生活，糾正思想，軌正行爲，使之離一切苦，得究竟樂，這便叫「覺者」。然則佛所覺悟之眞理是什麼呢？無上覺道，本不可以言說形容，且略舉一義說之。所謂「諸法緣起性空」，「諸法」者，一切事物。「緣」者包括親因助緣，「緣起」者，諸法生起，是假眾緣和合而成。如稻穀是種子、田地、肥料、雨露、陽光、人工等眾緣和合而生。「性」者，或言「體」，謂諸法體性，各各本自如此，永恆不變，不待眾緣和合的意思。「空」者，切不可誤會空無所有。只是說無論某一事物的生起，必待眾緣和合，本無所謂永恆不變的固定體性。既無永恆不變的固定體性，佛法就名之曰「空」。故西天十四祖龍樹菩薩說：「因緣所生法，是即無自性。」又說：「因緣所生法，我說即是空。亦名爲假名，亦即中道義。未曾有一法，不從因緣生。是故一切法，無不是空者。」所以佛說「空」，并不是說一切事物空無所有，而是說其沒有永恆不變的各別體性。所以佛法並不是什麼造物主，而是發現一切事物生滅相續底理則的哲人，也不是什麼神，而是充滿大悲心、愍念眾生苦難、以無我的精神、爲眾生謀福樂的偉人。他一生之中，化導眾生，破除迷信，教令出染返淨，捨迷歸覺，未曾少有休息。

二、歸依法。「法」者簡略言之，指事物的眞相，和行爲的正軌等而言。行爲的表現，關係於人類的道德。行爲邪正，善惡乃分。但善惡之判，每因各人之立場和觀點不同而異。故欲得道的確實標準，必須按一切因果事相中的必然理則來權衡，也即是說要依照客觀現實的發展規律來判斷。如昔日印度社會分婆羅門族（梵志）、剎帝利族（王種）、吠舍族（商賈）和首陀族（農人）四姓，其階級與族籍制度之分極嚴，貧苦大眾都被壓迫得透不過氣來，過著非人的生活。但大家都認爲這是天經地義，命中注定，不可改變的。釋迦牟尼佛於雪山成道後，三歎奇哉！一切眾生皆有如來智慧德相，了知緣起性空，有情機會均等，一切都可以成佛，得出了四姓平等的確切結論。喻如眾流入海，無復河名。於是力主平等，嚴斥階級。這就是以事理的眞相，來作道德標準的例證。

三、歸依僧。「僧」者，梵言「僧伽」，華譯「和合眾」。多人和合共處，志同道合，同修自利利他之行者。五戒者，一不殺生、二不偷盜、三不邪婬、四不妄語、五不飲酒。

十戒　具戒　三聚戒

上來略說三歸五戒，現在說沙彌沙彌尼十戒。比丘比丘尼具足戒，及菩薩三聚淨戒，十戒、具戒多屬自利，惟求自己解脫，故不必燃香表示。菩薩戒多屬利他，準備捨身救世，故先須燃香供佛。出家沙彌沙彌尼，得預戒品，須內修慈和，外著緇衣，與世俗異。居止行動，皆尚威儀法則。勤學沙彌沙彌尼律儀，愼莫放逸。

比丘應常行二百五十戒，比丘尼應常行三百四十八戒，禁防三毒，調伏七支，具足三千威儀、八萬細行。三毒者，貪瞋癡。七支者，即身口七支。身三支謂殺盜婬，口四支妄言、綺語、兩舌、惡口。三千威儀者，於行住坐臥四威儀中，各具足二百五十戒，共成一千威儀。過去具足、現在具足、未來具足，是爲三千威儀。八萬細行者，於身口七支，各具足三千威儀而成二萬一千。於貪瞋癡及等分（以貪起，餘二隨起，瞋癡亦然，故曰等分。）四煩惱中，淨無毀犯，是即八萬四千細行。言八萬者，舉其大數。

關於戒律有一件很重要的事情，要向諸位說明的。戒本中有自手掘地及自手績紡等戒。我們現在耕田織布，是不是犯戒呢？我們要知道，佛所制戒，有性戒和遮戒兩種。首篇波羅夷罪是性戒，此是根本戒，犯者不通懺悔。其餘大都是遮戒，犯者可以懺悔，又有輕重開遮等別。研尋律藏便知。性戒者，體是違理，無論佛制與不制，若作均犯罪，如殺盜等是。遮戒者，佛未制前造作無罪，自制以後，若作方成犯，如掘地紡織等。佛所以制遮戒有各種原因，都是因地制宜、因事制宜，或因時制宜的。如掘地紡織等戒，是因避世譏嫌而制。因當時印度社會，以乞食乞衣、一心修道爲出家人本分事。若自己營謀衣食，便招世譏嫌，佛因之制此等戒。但社會制度和風俗習慣，各處不同，必須因地因事因時以制宜，絕不能墨守繩法。故《五分律》中。佛說：「雖我所制，於餘方不爲清淨者，則不應用。雖非我所制，於餘方必應行者，不得不行。」故當日百丈祖師，以中國與印度環境不同，已有「一日不作、一日不食」之美舉。佛如降生此時此地，決不會制掘地紡織等戒的。所以我們耕田紡織並不是犯戒的事情，望諸位於修持中，切不可廢勞動。於勞動中，也不可忘修持，兩者是可以兼行並進的。由此可見我們對於受持遮戒，貴在遵循如來制該戒之本意，不在於死守條文。若得佛意，雖與條文相違，亦名持戒。若不得佛意，雖遵守條文亦成犯戒，但亦切不能以此藉口而將如來所制戒律，一概抹煞。各宜深入律藏，神而會之。

菩薩戒者，總攝爲三聚，一攝律儀戒，二攝善法戒，三攝眾生戒。一、攝律儀戒。謂惡無不離，此聚止即是持，作便是犯，順教嚴護，愼而不爲。二、攝善法戒。謂善無不積，身口意善及聞思修三慧，十波羅蜜、八萬四千助道行等，皆究竟修。此聚作便是持，止即是犯，順教奉修，永不退悔。三、攝眾生戒，亦名饒益有情戒。謂無生不度，以四無量爲心，四攝爲行。四無量者，謂慈悲喜捨，慈能與樂滿，悲能拔苦盡，喜謂喜慶眾生離苦究竟、樂法滿足，捨謂令眾生行佛行處，至佛至處，方生捨心。四攝者，謂布施、愛語、利行、同事。布施攝者，謂若有眾生樂財則施財，若樂法則施法，使因是生親愛之心，依我受道。二愛語攝，謂隨眾生根性而善言慰喻，使因是生親愛之心，依我受道。三利行攝，謂起身口意善行，利益眾生，使因此生親愛之心而受道。四同事攝，謂以法眼觀眾生根性，隨其所樂而示現，使同其所作而霑利益，由是受道。此聚作即是持，止便是犯。

又菩薩發心時，當發四弘誓願。一、眾生無邊誓願度。

既發菩提心，行菩薩道，即須斷除我愛，殉己爲眾。以眾生心爲心，以眾生苦爲苦，常行慈悲，等施普度。如地藏菩薩，眾生度盡、方證菩提、地獄未空、誓不成佛。

二、煩惱無盡誓願斷。眾生無量劫來，流浪生死，皆因煩惱未斷。煩惱由根本發生枝末，重重無盡。所言根本者，謂貪瞋癡慢疑惡見等，由此出生懈怠、放逸、嫉妒、障礙、昏沈、散亂、諂曲、誑妄、無慚、無愧等無數枝末。但煩惱雖多，總不出我法二執。眾生不達緣起性空的道理，妄執此身心以爲實我，分別諸法以爲實法。由是爲因，妄受生死苦果。是故世尊方便設教，應病與藥，說無量法門，對治眾生無盡煩惱。我們應該依教修持，誓願斷之。

三、法門無量誓願學。菩薩爲普利有情，一切世出世間，無量法門，均須習學。故菩薩應向五明中求。五明者，一聲明，明言語文字者；二工巧明，明一切工藝、技術、算曆等者；三醫方明，明醫術者；四因明，明考定正邪，詮考眞僞之理法者，即所謂論理學；五內明，明佛法之宗旨者。故無論世出世法，科哲等學，均是菩薩所應學處。六祖說：「佛法在世間，不離世間覺。離世覓菩提，恰如求兔角。」故此不是閉起眼睛、盤起腿子，才算修行。運水搬柴、鋤田種地，乃至穿衣食飯、痾屎放尿，都是修行佛法。出家人並非閉門造車，死守一法的。

四、佛道無上誓願成。佛道者，梵語名「菩提」，又譯曰「覺」。覺者自性靈覺也，此覺性在聖不增，在凡不減，本自圓成，各各不無。諸佛聖人，示生世間，作人天之導師，後世之模範，指示眾生。若離妄想執著，即可成佛。六祖說：「佛向性中作，莫向身外求。自性迷即是眾生，自性覺即是佛。」我們應該捨迷歸覺，誓成佛道。弘者，深也，廣也。

深則豎窮三際，廣則橫徧十方。誓者，自制其心。願者，志求滿足。菩薩當發如上誓願，不怖不退，不動不搖，盡未來際勇猛勤修。

虛雲不過秉宣佛制，教誡後來。娑婆教主釋迦牟尼佛爲汝等得戒本師和尙，大智文殊師利菩薩爲羯磨阿闍黎，一生補處彌勒菩薩爲教授阿闍黎，過去七佛及一切諸佛爲尊證，十方菩薩爲引禮引讚及爲汝等同學伴侶。我雖受請，但爲汝等教誡法師，故曰秉戒和尙。

結勸

臨期入壇，當受戒時，汝等各須虔禮諸佛菩薩，慈護加被。諸天龍神臨壇護戒，我爲汝等作法回向。汝等應各在本處，清淨三業，披瀝一心，二六時中，如法禮懺。當勇猛精進，慎勿貪眠好吃，自致失利。又不可辛苦太過，以致生病，可以調適端坐。所謂「端坐念實相」，實相即本心，本心即佛。如妄念不生則戒淨，戒淨則定生，定生則慧發。佛說一大藏教，即戒即定即慧。若得其本，則不患其末。諸位如能依此而行，即不失為本壇戒子，亦乃不負我所期望。惟願大眾，共奮勉之。外來的明天歡歡喜喜回去，各自修行。

國家圖書館出版品預行編目資料

禪淨雙修：盧雲老和尚開示錄 / 盧雲老和尚作. --
初版. -- 臺北市：方廣文化, 2015.09　面；　公分
ISBN 978-986-7078-66-7(平裝)
1.禪宗 2.淨土宗 3.律宗 4.佛教說法

225　　104015836

禪淨雙修 盧雲老和尚開示錄

作　　者：盧雲老和尚
出　　版：方廣文化事業有限公司
住　　址：台北市大安區和平東路
◎地址變更：2024年已搬遷
通訊地址改爲106-907
台北青田郵局第120號信箱
(方廣文化)
電　　話：02 2392-0003
傳　　真：02 2391-9603
劃撥帳號：17623463 方廣文化事業有限公司
電子信箱：*fangoan@ms37.hinet.net*
網　　址：*www.fangoan.com.tw*
設　　計：鎏坊工作室
總 經 銷：聯合發行股份有限公司
電　　話：02 2917-8022
傳　　真：02 2915-6275
出版日期：2022年10月 初版3刷
定　　價：新台幣220元 (平裝)
行政院新聞局出版登記證：局版臺業字第六〇九〇號

◎如有缺頁、破損、倒裝請電：(02) 2392-0003
No：ZA02　ISBN：978-986-7078-66-7
Printed in Taiwan

方廣文化出版品目錄

夢參老和尚系列

● 華嚴

H203 淨行品講述
H224 梵行品新講
H205 華嚴經普賢行願品講述
H206 華嚴經疏論導讀
H208 淺說華嚴大意
HP01 大乘起信論淺述
H209 世主妙嚴品 (三冊)《八十華嚴講述》
H210 如來現相品・普賢三昧品《八十華嚴講述》
H211 世界成就品・華藏世界品・毘盧遮那品《八十華嚴講述》

● 般若

B401 般若心經
B406 金剛經
B409 淺說金剛經大意

● 地藏三經

地藏經

D506 地藏菩薩本願經講述 (全套三冊)
D516 淺說地藏經大意

占察經

D509 占察善惡業報經講記
(附HIPS材質占察輪及修行手冊)
D512 占察善惡業報經新講

D507 大乘大集地藏十輪經講述 (全套六冊)
序品 第一冊：地藏菩薩的止觀法門
十輪品 第二冊：地藏菩薩的觀呼吸法門
無依行品 第三冊：地藏菩薩的戒律法門
有依行品 第四冊：地藏菩薩的解脫法門
懺悔品、善業道品 第五冊：地藏菩薩的懺悔法門
福田相品、獲益囑累品 第六冊：地藏菩薩的念佛法門

● 楞嚴

LY01 淺說五十種禪定陰魔
—《楞嚴經》五十陰魔章
LY03 楞嚴經淺釋 (上冊)
—〈七處徵心・十番顯見〉

● 天台

T305 妙法蓮華經導讀

● 開示錄

S902 修行
Q905 向佛陀學習【增訂版】
Q906 禪・簡單啟示【增訂版】

南傳佛教系列

SE05 七種覺悟的因素
SE06 南傳大念處經 (中摺本)
SE07 三十七道品導引手冊
SE08 內觀基礎
SE09 緬甸禪坐

其他系列

Q701 單老居士文集
Q702 肇論講義
Q703 影塵-倓虛老法師回憶錄
Q705 佛學小辭典 (隨身版)
ZA01 參禪《虛雲老和尚禪七開示》
ZA02 禪淨雙修《虛雲老和尚開示錄》

憨山大師系列

HA01 楞嚴經通議 (全套二冊)

地藏系列

D503 地藏三經
(地藏菩薩本願經、大乘大集地藏十輪經、占察善惡業報經)

華嚴系列

H201 華嚴十地經論
H202 十住毘婆沙論
H207 大方廣佛華嚴經 (八十華嚴) (全套八冊)

般若系列

B402 小品般若經
B403A 大乘理趣六波羅蜜多經
B404A 能斷金剛經了義疏 (附心經頌釋)

天台系列

T302 摩訶止觀
T303 無量義經 (中摺本)
T304 觀普賢菩薩行法經 (中摺本)

部派論典系列

S901A 阿毘達磨法蘊足論
Q704 阿毗達磨俱舍論 (全套二冊)
S903 法句經 (古譯本) (中摺本)

瑜伽唯識系列

U801 瑜伽師地論 (全套四冊)
U802A 大乘阿毗達磨集論
B803 成唯識論
B804A 大乘百法明門論解疏
B805 攝大乘論暨隨錄

密宗系列

M001 菩提道次第略論釋
M002 勝集密教王五次第論
M003 入中論釋
M004 大乘寶要義論 (諸經要集)
M006 菩提道次第略論
M007 寂天菩薩全集
M008 菩提道次第廣論
M010 菩提道次第修法筆記
M011 白度母修法 (延壽法門修法講解)
M012 中陰-死亡時刻的解脫
M018 菩提道次第廣論集註
M019 佛教的本質-《佛教哲學與大手印導引》

能海上師系列

N601 般若波羅蜜多教授現證莊嚴論名句頌解
N602 菩提道次第論科頌講記
N345 戒定慧基本三學
N606 能海上師傳
N607 現證莊嚴論清涼記
N608 菩提道次第心論

論頌系列

L101 四部論頌
(釋量論頌 現證莊嚴論頌 入中論頌 俱舍論頌)
L102 中觀論頌 (中摺本)
L103 入菩薩行論頌 (中摺本)
L104 彌勒菩薩五部論頌
L105 龍樹菩薩論頌集
L106 中觀論頌釋
R001 入中論頌 (小摺本)